Prof. Rolf Wernstedt
Niedersächsischer Kultusminister a.D.
Präsident des Niedersächsischen Landtages a.D.
Waldstraße 11, 30823 Garbsen
Tel. 05137/87 53 73, Mail: rolf.wernstedt@web.de

AMARTYA SEN

Der Lebensstandard

Aus dem Englischen
von Ilse Utz

Mit einem Nachwort
von Otto Kallscheuer

Rotbuch Verlag

ROTBUCH RATIONEN
Herausgegeben von Otto Kallscheuer

Die Deutsche Bibliothek – CIP-Einheitsaufnahme

Ein Titeldatensatz für diese Publikation ist bei
der Deutschen Bibliothek erhältlich

© der deutschsprachigen Ausgabe
Europäische Verlagsanstalt/Rotbuch Verlag, Hamburg 2000
Originaltitel: The Standard of Living
Erschienen bei Cambridge University Press, Cambridge 1987
© Cambridge University Press 1987
Umschlaggestaltung: Michaela Booth
Herstellung: Das Herstellungsbüro, Hamburg
Satz: Greiner & Reichel Fotosatz, Köln
Druck und Bindung: Sebald Sachsendruck Plauen
Printed in Germany
Alle Rechte vorbehalten
ISBN 3-434-53062-2

INHALT

EINLEITUNG

Die »Tanner Lectures« gehen auf eine Anregung von Obert Clark Tanner zurück, heute emeritierter Philosophieprofessor der Universität Utah. Nach den Worten der Kuratoriumsmitglieder besteht ihr Zweck darin, »die wissenschaftlichen Erkenntnisse in Bezug auf menschliche Werte und Bewertungen vorzustellen und zu fördern«. Sie wurden am 1. Juli 1978 in Clare Hall Cambridge offiziell eröffnet und finden jährlich an der Universität Harvard und Stanford, an der Universität von Michigan und Utah, am Brasenose College Oxford, in Clare Hall und manchmal auch andernorts statt.

Diese Vorlesungen sind zur Veröffentlichung bestimmt, und dies geschieht durch die University Press Utah und Cambridge. Die einzelnen Bände werden von Sterling McMurrin unter dem Titel *The Tanner Lectures on Human Values* herausgegeben. Eine gekürzte Version der beiden Vorlesungen, die Amartya Sen in Cambridge gehalten hat, erscheint zusammen mit denen aus dem Jahre 1985 in Band VII (McMurrin 1986). Die Collegemitglieder von Clare Hall kamen zu dem Schluss, der Zweck der Vorlesungen, für die sie selbst verantwortlich sind, werde am besten dadurch erfüllt, dass sie in voller Länge zusammen mit einigen Stellungnahmen aus dem darauffolgenden Seminar veröffentlicht werden. Die Mitglieder des Tanner-Kuratoriums und die Geschäftsführer von Cambridge University Press haben diesem Konzept zugestimmt, dessen erstes Ergebnis der vorliegende Band ist.

Kaum ein Thema hätte der Intention von Obert Tanner besser entsprechen können als der »Lebensstandard«. Er ist, wenngleich nicht immer unter dieser Bezeichnung, zu einem der wichtigsten Anliegen staatlicher Politik und seine Aufrechterhaltung und Verbesserung zu einer der zentralen Erwartungen der Adressaten dieser Politik geworden. Angesichts der nahezu überall zu konstatierenden Ausweitung der Demokratie oder zumindest des Strebens nach Demokratie, angesichts der Erwartungen, die an moderne Staaten und die Volkswirtschaften gerichtet werden, welche von diesen Staaten mehr oder weniger bewusst gestaltet werden, und angesichts des seit den fünfziger Jahren gewachsenen Interesses an der Lage der Entwicklungsländer lässt sich wohl ohne Übertreibung feststellen, dass dieses Thema neben der nationalen Sicherheit und der Verteidigung zum zweitwichtigsten Ziel staatlicher Politik geworden ist. Doch da es so außerordentlich stark besetzt ist, da nicht ohne weiteres gesagt werden kann, worin der Lebensstandard besteht, und da die Antworten auf diese Frage immer komplexer werden – sie hängen allesamt mit der komplizierten Entwicklung moderner Gesellschaften, mit dem Umfang der Staatstätigkeit und dem zunehmenden Einfluss der Ökonomen auf die Politik zusammen –, wird jeder Fortschritt bei der Erfassung des Problems von neuen Unklarheiten und Zweifeln begleitet. Wie so oft gilt auch hier, dass je mehr Erkenntnisse es zu geben scheint, je mehr zu dem Thema gesagt wird, und je mehr praktische Versuche unternommen werden, desto weniger scheinen viele – darunter auch viele, die sich sehr intensiv damit befasst haben – wirklich zu begreifen, worum es geht. Hier bildet Amartya Sen eine Ausnahme. Er ist mit der historischen Dimension seines Forschungsgegenstandes ebenso vertraut wie mit der Struktur unterschiedlicher moderner Volkswirtschaften, und seine Sensibilität für die moralischen und politischen Implikationen der Wirtschaftsanalyse ist ebenso ausgeprägt wie seine Kenntnis ihrer Techniken, die durch ihn einige Neuerungen erfahren haben. Somit ist er einer der ganz wenigen, die in der Lage sind, die Fragen richtig zu erfassen, miteinander zu verknüpfen und die Bandbreite der Probleme zu vermitteln, die sich im Zusammenhang mit dem »Lebensstandard« stellen.

»Der Wert des Lebensstandards liegt«, so seine Formulierung, »in einer bestimmten Art zu leben.« Wenn das bedeutet, dass man sich von der in einigen akademischen Kreisen vorhandenen Vorliebe verabschieden muss, eine präzise Vorstellung vom Falschen zu entwickeln, um stattdessen zu einer vagen Vorstellung vom Richtigen zu gelangen, dann ist diese Feststellung wohl zutreffend. Doch damit ist nicht gesagt, dass der unbekümmerten – oder nach dem landläufigen Verständnis von Ökonomen und dem, was sie tun, auch düsteren – Spekulation Tor und Tür geöffnet ist. Vieles, was unter die Kategorie »Lebensstandard« fällt, lässt sich, genau wie ein großer Teil des Lebens selbst, empirisch nicht präzise bestimmen. Und selbst wenn dies möglich wäre, hätte eine derartige Präzisierung wenig Bedeutung für die Regierenden, denn deren Instrumente sind stumpf, weil sie unter Bedingungen agieren, die sie nur teilweise gestalten und beherrschen können. Begriffliche Präzision ist jedoch etwas ganz anderes, und sie ist sowohl für die Bürger als auch für die Sozialwissenschaftler wichtig. Sie ist Sens Hauptanliegen. In der ersten Vorlesung kritisiert er diejenigen Definitionen des Lebensstandards, die als entscheidende Kriterien Nutzen, Einkommen oder Wohlstand verwenden. In der zweiten plädiert er dafür, den Lebensstandard an »tatsächlichen Möglichkeiten« und »Fähigkeiten« des Menschen zu messen. In beiden zeigt er auf, dass es um drei Problembereiche geht. Zum ersten äußert sich Sen in diesem Band nur am Rande; der zweite ist am Ende noch offen; der dritte wird durchgehend nur implizit behandelt.

Der erste Problembereich betrifft die Unklarheiten, die sich daraus ergeben können, dass die scheinbar einfache Unterscheidung zwischen Definition und Erklärung des Lebensstandards nicht vorgenommen wird. Wie leicht dies geschehen und welche Verwirrung daraus resultieren kann, zeigt sich deutlich an der anhaltenden akademischen Auseinandersetzung über den Lebensstandard in England in den Jahren der industriellen Revolution, also zwischen 1750 und 1850. In ihrem Beitrag zur »theoreti-

schen Grundlage des Pessimismus« unterscheiden Hartwell und
Engermann drei unterschiedliche Fragen (1975: 193–4).[1] Stieg
der Lebensstandard der Arbeiterklasse in diesem Zeitraum oder
nicht? Fiel er möglicherweise sogar? Wäre es dieser Klasse besser
gegangen, wenn es keine Industrialisierung gegeben hätte? Oder
wäre es ihr besser gegangen, wenn es zwar eine Industrialisierung
gegeben, diese aber einen anderen Verlauf genommen hätte?

Wie von Tunzelmann feststellt, haben Hartwell und Engerman so zwar eine gewisse Klarheit in die Sache gebracht, sogleich aber für Verwirrung gesorgt: Für sie sind die »Pessimisten«
diejenigen, die glauben, der Lebensstandard der Arbeiterklasse
sei gesunken, und die außerdem glauben, die Antwort auf die
zweite Frage – ob es dieser Klasse besser gegangen wäre, wenn
es keine Industrialisierung gegeben hätte – müsse bejaht werden
(von Tunzelmann 1985). Erstens ist es absolut möglich, alle drei
Fragen mit ›ja‹ oder ›nein‹ zu beantworten und dennoch eine in
sich schlüssige Antwort zu geben. Auch wenn man annimmt,
der Lebensstandard sei gestiegen, kann man durchaus annehmen, er wäre noch schneller gestiegen, wenn es keine Industrialisierung gegeben oder wenn diese einen anderen Verlauf genommen hätte. Umgekehrt ist es absolut möglich anzunehmen,
der Lebensstandard sei gesunken und ohne Industrialisierung
wäre er sogar noch mehr gesunken. (Die meisten Wirtschafts-
historiker scheinen sich mittlerweile zumindest darin einig zu
sein, dass die Reallöhne bis ungefähr 1820 ziemlich konstant
blieben und danach stiegen.) Abgesehen von den gänzlich Rück-
wärtsgewandten, den Chestertons und Bellocs und anderen, die
nie ernsthaft über diese Frage nachgedacht haben, lassen sich die
Pessimisten in drei Gruppen einteilen. Die eine umfasst Leute
wie E. P. Thompson, die meinen, der Lebensstandard sei gesunken und die Industrialisierung hätte mehr Vorteile mit sich gebracht, wenn die Kontrolle über das Kapital in anderen Händen
gelegen hätte, wenn der Industrialisierungsprozess also in dieser
oder in anderer (undefinierter) Hinsicht »sozialistischer« gewe-

sen wäre. Die zweite Gruppe argumentiert wie die Hammonds, die sich in Bezug auf die Entwicklung des Lebensstandards weniger dezidiert geäußert haben, dafür aber glauben, die Industrialisierung hätte mehr Vorteile mit sich gebracht, wenn der Staat die Folgen der Einhegungen gemildert, einen Mindestlohn für ungelernte Arbeiter festgesetzt und durch die Zulassung von Zusammenschlüssen einen gerechten Lohn für gelernte Arbeiter ermöglicht hätte. Zur dritten Gruppe gehört von Tunzelmann selbst, der die Auffassung vertritt, die Industrialisierung hätte mehr Vorteile und mehr Wachstum mit sich gebracht, wenn sie nicht so kapitalintensiv gewesen wäre.

Doch einige der Pessimisten haben, wie Hartwell und Engerman feststellen, ihrer Sache einen schlechten Dienst erwiesen, indem sie die kontrafaktische Frage, ob der Lebensstandard mehr und schneller hätte steigen können, nicht von der faktischen Frage getrennt haben, ob er überhaupt stieg. Sen macht in seiner Erwiderung auf Keith Hart nicht nur deutlich, dass es sich hier um unterschiedliche Fragen handelt, sondern dass man, wenn man die kontrafaktische Frage mit ›ja‹ beantwortet, indem man aufzeigt, dass die Arbeitsproduktivität hätte höher sein können, auf die faktische Frage nicht unbedingt die gleiche Antwort geben muss. Eine bejahende Antwort auf diese Frage würde »von der Verteilung des Gesamtangebots und der Verwendung der Waren durch Menschen [abhängen], die in die Lage versetzt werden, dieses zu tun oder jenes zu sein«. Ein neuerer Beitrag zu dieser rein faktischen Frage vertritt genau diesen Standpunkt und schlägt vor, nicht die ermittelten Einkommen als Kriterium zu nehmen, die möglicherweise unrichtig, sicherlich nicht verlässlich und schwer zu interpretieren sind, sondern Trends in der Entwicklung der Einkommenshöhe (Floud und Wachter 1982; Floud 1984). Dadurch lässt sich die Warenverteilung genauer erfassen, und konzentriert man sich auf eine der Auswirkungen, die Waren haben, gelangt man zu Sens »tatsächlichen Möglichkeiten« und also »Fähigkeiten«.

Der zweite Problembereich, in dem es um begriffliche Präzision und die von Sen vorgeschlagenen Unterscheidungen geht, ist oftmals als die »Relativität« von Lebensstandards bezeichnet worden. Diese Frage spielt bei den – häufig sehr leidenschaftlich geführten – Diskussionen über Armut eine große Rolle. In Sens Beitrag (1983a), auf den er sich am Ende der ersten Vorlesung bezieht, und in seiner Erwiderung auf Townsends Kritik an diesem Beitrag (Townsend 1985; Sen 1985c: 116) fasst Sen seinen Standpunkt in der Bemerkung zusammen, dass Armut – und somit der Lebensstandard generell – »ein absoluter Begriff im Bereich von Fähigkeiten ist, im Bereich von Waren oder Merkmalen jedoch sehr häufig eine relative Form annimmt«. Das heißt, dass es gewisse Fähigkeiten gibt – Adam Smith verweist beispielsweise auf die Fähigkeit, sich ohne Scham in der Öffentlichkeit zu zeigen –, die absolut gefasst werden. Wenn sie überhaupt wünschenswert sind, dann sind sie für alle Menschen wünschenswert. Es sind die dafür notwendigen Ressourcen oder Waren und nicht sie selbst, die je nach Zeit und Ort unterschiedlich sind. Im Glasgow des späten achtzehnten Jahrhunderts ließ sich Scham, wie Smith sagt, anscheinend nur dadurch vermeiden, dass man in einem Leinenhemd in der Öffentlichkeit erschien. Im London des zwanzigsten Jahrhunderts lässt sie sich neueren Umfragen zufolge nur dadurch vermeiden, dass man in der Lage ist, seine Kinder mit gewissen Extras zu verwöhnen.[2]

Soviel ist klar, und darauf kann man sich wohl auch verständigen. Offen, schwierig und vielleicht unlösbar ist nach Auffassung von Bernard Williams jedoch die Frage, ob ein Sachverhalt wie »sich ohne Scham in der Öffentlichkeit zeigen«, »von einer noch grundlegenderen Fähigkeit abzuleiten ist«, wie beispielsweise Selbstachtung; die Frage ist weiterhin, ob solche grundlegenden Fähigkeiten sinnvollerweise als Rechte betrachtet werden können; und die vielleicht noch fundamentalere Frage lautet: Falls sich solche Fähigkeiten, solche möglicherweise »absoluten« Fähigkeiten, ausmachen lassen, wird ihre Absolutheit durch Natur oder Konvention begründet? Die Schwierigkeit dieses Problems ist allgemein bekannt, aber sowohl Sen als auch Williams legen es hier und an anderer Stelle klar dar (etwa 1985: 152–55). Eine Antwort, die der Natur die entscheidende Rolle zuweist, unterschätzt mit großer Wahrscheinlichkeit die Bedeutung dessen, was wir im Einzelfall beschließen oder tun möchten. Bedürfnisse, die in keiner Weise an Konventionen gebunden sind, sind auf ein Minimum beschränkt. Gleichwohl wird eine Antwort, die der Konvention die entscheidende Rolle zuweist, den Einwand hervorrufen, sie ziehe *nur* die Konvention heran, eine Konvention sei nicht ohne weiteres gleichsam als letzte Instanz zu betrachten – die Menschen hätten sich, wie Sen und Williams aufzeigen, vielleicht nur mit ihr abgefunden –, und am Ende müsse man, wie Williams meint, vielleicht durch Vergleiche verschiedener Konventionen anderen Orts, auf die menschliche Natur oder reale Interessen oder dergleichen mehr zurückgreifen. Doch dies geschieht vielleicht nicht nur auf dem Weg der Argumentation. »Das vortreffliche oder befriedigende Leben«, wie Williams es ausdrückt, »verhält sich zu den mit diesem Leben verbundenen Überzeugungen nicht so wie die Prämisse zur Schlussfolgerung«. Ein »vortreffliches Leben«, ja selbst ein befriedigendes Leben »ist dadurch gekennzeichnet, dass man ebendiese Überzeugungen hat, und die meisten dieser Überzeugungen betreffen nicht die Dispositionen oder das Leben des handelnden Subjekts, oder das anderer Leute, sondern die soziale Welt« (Williams 1985: 154). Der Wert des Lebensstandards scheint tatsächlich in einer bestimmten Art zu leben zu liegen. Das zweite Argument, das für begriffliche Klarheit spricht, bedeutet nicht, diese Tatsache zu übersehen, sondern herauszuarbeiten, wie sie zu verstehen sei.

Das Leben ist etwas Kollektives, und niemand kann heutzutage annehmen, dass dieses kollektive Leben – beispielsweise das, was »der Markt« genannt wird – einen naturwüchsigen Verlauf nimmt. Es verläuft, und sei es auch nur aufgrund von Unterlassungen, in gerichteter Form. Moderne Regierungen sind möglicherweise niemals zu einem präzisen Handeln in der Lage. Doch wie unpräzise es auch sein mag, sie benötigen eine recht präzise Vorstellung von dem, was sie tun oder nicht tun sollten. Dies ist der dritte Grund für das Insistieren auf begrifflicher Präzision. Weder Sen noch irgendeine Stellungnahme seiner Kollegen geht direkt auf die damit verbundenen Fragen ein. Sens Hauptanliegen bei diesen Vorlesungen besteht zum einen in der Unterscheidung zwischen dem Begriff Lebensstandard und den Erklärungen des Lebensstandards, zum anderen in der Darstellung des Begriffs selbst und nicht darin, wie der Lebensstandard an einem bestimmten Ort und zu einer bestimmten Zeit auszugestalten sei. Es geht ihm in diesen beiden Vorlesungen weniger um die – für die staatliche Politik relevante – Frage von Gesamtgrößen als um die vorgeordnete Frage, was der Lebensstandard für den Einzelnen bedeutet.[3] Doch vieles von dem, was er und seine Kollegen zu sagen haben, beeinflusst durchaus das Handeln von Regierungen und anderen Institutionen.

Viele Regierungen und Nicht-Regierungsorganisationen fühlen sich beispielsweise in gewissem Umfang und in gewisser Weise für die Befriedigung der sogenannten »Grundbedürfnisse« der Armen verantwortlich. Sen zeigt auf, dass keineswegs geklärt ist, was die Grundlagen dieses Anliegens sind und worin Grundbedürfnisse eigentlich bestehen. Alle Regierungen haben die Tatsache zu berücksichtigen, dass die meisten Menschen, für die sie Politik machen, ob reich oder arm, in Haushalten leben. Zu diesen gehören Kinder und häufig auch benachteiligte Frauen. Dies wirft Fragen der Verteilung und der »Äquivalenz« auf – Fragen, die sich von Fragen der Gesamtgrößen auf der Ebene des »sozialen« – oder, genauer gesagt, öffentlichen – Wohls unterscheiden. Darüber hinaus müssen Regierungen und andere Institutionen verstehen und nicht nur auf dem Weg der Prävention entscheiden, in welchem Umfang die Haushalte in der Gesellschaft, für die sie verantwortlich sind, in der Lage sind, »sich selbst zu versorgen«, wie Hart es formuliert, und in welchem Umfang die Versorgung durch eine oder mehrere Institutionen zu gewährleisten ist. Das Interessante an Harts Beitrag liegt darin, dass er die Aufmerksamkeit auf den häufig komplizierten und wechselnden Zusammenhang zwischen »Selbstversorgung« und Versorgung durch andere Instanzen in drei Wirtschaftsräumen lenkt: dem der Bauern und Viehzüchter in der westafrikanischen Savanne – der heute vielgeprüften »Sahelzone« –, der Textilarbeiter im Lancashire des neunzehnten Jahrhunderts und der heutigen Industriegesellschaften. Diese Zusammenhänge machen es laut Hart und Sen schwierig, Schlüsse aus ermittelten Einkommen zu ziehen. Und eine der wichtigsten Aussagen von Sen ist die, dass Waren – Dinge, die durch Einkommen erworben werden können, und Dinge, die mit Einkommen gleichzusetzen sind – von dem zu unterscheiden sind, was er »tatsächliche Möglichkeiten« nennt. Tatsächliche Möglichkeiten sind »Merkmale der Existenz eines Menschen« und nicht Dinge, die ein Mensch oder ein Haushalt besitzen oder produzieren kann.

Wie Sen am Ende der zweiten Vorlesung ausführt, sollten, auch wenn dies nicht immer leicht ist, die tatsächlichen Möglichkeiten, die ein Mensch hat, von den Fähigkeiten zum Erreichen dieser Möglichkeiten und von den Fähigkeiten zur freien Entscheidung für bestimmte Möglichkeiten unterschieden werden. Fähigkeiten implizieren Freiheiten. Das macht zum großen Teil ihre Bedeutung aus. Für viele Menschen und manche Regierungen haben Fragen der Freiheit einen hohen Stellenwert. Sen erläutert, was es bedeuten kann, diesen Begriff praxisorientiert zu klären und ihn zu operationalisieren, und was es bedeuten kann, seine *ex ante*-Anziehungskraft mit seinen *ex post*-Ergebnissen zu vergleichen. Da die »realisierbaren tatsächlichen Möglichkeiten« eines Menschen laut Sen jedoch zugleich dessen Fähigkeiten darstellen, »existiert ein Wechselverhältnis zwischen tatsächlichen Möglichkeiten und Fähigkeiten«. Einige Fähigkeiten stehen laut Williams natürlich in keinem Zusammenhang mit Entscheidungen »über das Gut, das zur Steigerung des Wohlergehens oder des Lebensstandards beiträgt« – es wäre merkwürdig, würde man behaupten, die Fähigkeit, länger zu leben oder größer zu sein als andere, bestehe in der Fähigkeit, sich für einen früheren Tod oder ein Kleinerwerden zu entscheiden. Und viele Fähigkeiten – die Fähigkeit etwa, um ein Beispiel von Williams anzuführen, eine weitere Waschmittelmarke kaufen zu können – sind schlichtweg belanglos. Es ist allerdings praktisch und begrifflich sinnvoll, sich mit dem zu befassen, was er »Fähigkeiten« nennt, »die gleichzeitig realisierbar sein müssen« und somit über die sozialen und politischen Bedingungen nachzudenken, unter denen die Menschen bestimmte Fähigkeiten erwerben.

Fragen von Gesamtgrößen, ganz zu schweigen von Fragen mit einem direkten empirischen und politischen Bezug, lassen sich weder stellen noch beantworten, wenn nicht zuvor der Begriff Lebensstandard geklärt wurde. Sen kommt das Verdienst zu, zu dieser Klärung beigetragen zu haben: Selbst seine Kritiker würden heute einräumen müssen, dass er ein hohes Maß an Klarheit in die gesamte Problematik, sowohl in Bezug auf ihren Stellenwert als auch ihre inhaltliche Füllung gebracht hat.

Ich bin dankbar für die Hilfe, die ich bei der Durchführung der Veranstaltung und bei der Vorbereitung der Veröffentlichung ihrer Ergebnisse von anderen Collegekollegen, von Francis Brooke und Keith Lloyd bei Cambridge University Press, von den Kommentatoren und vor allem von Amartya Sen selbst erhalten habe, der gerade eine sehr schwierige Zeit durchmachte.

Geoffrey Hawthorn
Clare Hall Cambridge, 1986

Amartya Sen

DER LEBENSSTANDARD:
VORLESUNG I, BEGRIFFE UND KRITIK*

Wohl kaum ein Begriff teilt sich so unmittelbar mit wie der des Lebensstandards. Im Alltagsdenken nimmt er einen recht großen Raum ein, und er gehört zu den wenigen ökonomischen Begriffen, die normalerweise nicht soviel Skepsis hervorrufen wie andere ökonomische Begriffe, etwa »perfekter Wettbewerb«, »allgemeines Gleichgewicht«, »Konsumentenrendite«, »soziale Kosten« oder der nahezu übernatürliche Begriff »M 3«. Zwar fragen sich die Menschen (noch) nicht gegenseitig: »Wie ist es derzeit um Ihren Lebensstandard bestellt?«, aber wir haben nicht den Eindruck, uns zu sehr mit fachlichen Detailfragen zu befassen, wenn wir über den Lebensstandard von Pensionären, Krankenschwestern, Bergleuten oder auch des Vorsitzenden der Kohlebehörde sprechen. Der Lebensstandard stellt Verbindungen her, und dies anscheinend ganz mühelos.

Und dennoch steckt dieser Begriff voller Gegensätze, Konflikte und Widersprüche. Unter dem Dach des allgemeinen Begriffs »Lebensstandard« stehen divergierende und konkurrierende Ansichten über Lebensqualität ungeordnet nebeneinander. Es gibt viele sehr unterschiedliche Auffassungen von Lebensqualität, und etliche sind von unmittelbarer Plausibilität. Man kann *gut gestellt* sein, ohne dass es einem *gut geht*. Es kann einem *gut gehen*, ohne dass man in der Lage ist, das Leben zu führen, das man führen *wollte*. Man kann das Leben führen, das man führen *wollte*, ohne *glücklich* zu sein. Man kann *glücklich* sein, ohne viel *Freiheit* zu haben. Man kann viel *Freiheit* haben, ohne viel zu *leisten*. Diese Aufzählung ließe sich weiter fortsetzen.

Diversität gehört zum traditionellen Verständnis von Lebensstandard. Unsere Aufgabe besteht nicht darin, dieser Diversität auszuweichen, sondern uns eine klare Vorstellung von ihr zu verschaffen, indem wir untersuchen, welche Motivation dem Interesse an und dem Gebrauch des Begriffs Lebensstandard zugrunde liegt. Der Lebensstandard kann von uns »Profis« nicht völlig neu definiert werden, und wir dürfen nicht die ganze Komplexität des Begriffs opfern, um etwas gut Handhabbares und angenehm Einfaches zu bekommen. Der Begriff Lebensstandard ist mit zu vielen Assoziationen und Verwendungsweisen verbunden, als dass wir sie beliebig ummodeln könnten. Wir haben natürlich – und das ist auch *notwendig* – Entscheidungsmöglichkeiten angesichts der Widersprüchlichkeit der verschiedenen Interpretationen des Begriffs. Doch wir müssen unsere Bewertungen und Entscheidungen an gegebenen Motivationen und Bedürfnissen ausrichten, während wir gleichzeitig für neue Erfordernisse offen sein und auf Probleme reagieren müssen, die aus dem traditionellen Rahmen herausfallen.

Kompetitive und konstitutive Pluralität

Ein Begriff wie Lebensstandard beinhaltet zwei unterschiedliche Formen der Diversität, und diese sollten klar voneinander abgegrenzt werden. Die eine Form ließe sich als »kompetitive Pluralität« bezeichnen. Das bedeutet, dass sich unterschiedliche Auffassungen als *Alternativen* gegenüberstehen. Wir können uns für eine der konkurrierenden Auffassungen, aber nicht für alle (eigentlich nur für eine) entscheiden. Die andere Form stellt in gewissem Sinne eine Diversität *innerhalb* einer Auffassung dar, die verschiedene Aspekte haben kann, welche einander ergänzen mögen, sich aber nicht durch einander ersetzen lassen. Dies ließe sich als »konstitutive Pluralität« bezeichnen.

Wenn der Lebensstandard einmal an *Lustgewinn* und einmal an *Wohlstand* festgemacht wird, dann ist dies ein Beispiel für »kompetitive Pluralität«. Natürlich ist Lustgewinn nicht unabhängig von Wohlstand, aber in ihrer reinen Form sind Lust und Wohlstand *alternative* Auffassungen, wenngleich es zwischen ihnen Assoziationen, Korrelationen und kausale Zusammenhänge gibt. Fasst man den Lebensstandard dagegen als Lustgewinn, dann verweist die Nicht-Kommensurabilität verschiedener *Formen* der Lust – die etwa von Plato, Aristoteles und John Stuart Mill erörtert werden – auf eine »konstitutive Pluralität« innerhalb dieser allgemeinen Auffassung.[1] Konstitutive Pluralität bedeutet, dass der Lebensstandard in erster Linie als ein Korb von vielfältigen Attributen gesehen wird, auch wenn dieser Korb in einem zweiten Schritt eine numerische Darstellung in Form eines Indexes erhält. Dagegen bezieht sich die kompetitive Pluralität auf eine Entscheidung für *alternative* Körbe (wobei jeder Korb nur ein Ding *oder* viele Dinge enthalten kann). Angesichts der unterschiedlichen Auffassungen vom Begriff Lebensstandard ist es notwendig, Fragen der kompetitiven Pluralität von denen der konstitutiven Pluralität zu unterscheiden.

In dieser ersten Vorlesung befasse ich mich hauptsächlich mit der *kompetitiven* Pluralität, insbesondere mit gewissen traditionellen Definitionen des Lebensstandards. Ich hoffe, am Ende der ersten Vorlesung einen alternativen Ansatz einigermaßen gut begründet zu haben. Während es bei diesen kritischen Erörterungen vorwiegend um der *kompetitiven* Pluralität innewohnende »Entscheidungs«-Probleme geht, werden auch häufig Fragen der *konstitutiven* Pluralität zur Sprache kommen, da einige der alternativen Ansätze pluralistische Konstruktionen des Begriffs Lebensstandard beinhalten. In der zweiten Vorlesung werde ich versuchen, einen alternativen Ansatz näher zu untersuchen, den ich an anderer Stelle als »Fähigkeiten-Ansatz« bezeichnet habe (Sen 1982; Sen 1984a: Essays 13, 14, 19; Sen 1985a). Untersuchung und Verwendung des Fähigkeiten-Ansatzes werden es erforderlich machen, die umfangreiche konstitutive Pluralität in den Griff zu bekommen, die mit der Auffassung verbunden ist, der Lebensstandard sei an der Fähigkeit zu messen, verschiedene persönliche Ziele zu erreichen – fähig zu sein, dieses zu tun oder jenes zu sein. Es werden auch empirische Beispiele gefragt sein, die demonstrieren, dass der Ansatz auf taugliche und plausible Weise auf praktische Probleme der Bewertung von Lebensstandards angewandt werden kann.

Werte und Standards

Bei jeder Bewertung stellen sich mindestens zwei grundlegende Fragen: 1. *Welchen* Dingen wird ein Wert beigemessen? 2. *Wie* wertvoll sind sie? Streng genommen stellt die erste Frage – welche Dinge? – einen elementaren Aspekt der zweiten – wie wertvoll? – dar. Die für wertvoll erachteten Dinge sind diejenigen, die im Zuge einer umfassenden Bewertung positiv bewertet werden.[2] Dies ist möglicherweise jedoch nicht der hilfreichste Weg, die »Welche«-Frage zu betrachten. Die unmittelbarere Bedeutung der Frage liegt in der direkten und intrinsischen Relevanz dieser Dinge bei der Bewertung des Lebensstandards, und diese Relevanz ist von Irrelevanz einerseits und von direkter oder abgeleiteter Relevanz andererseits zu unterscheiden.

Um den Unterschied zu verdeutlichen, gehen wir einmal davon aus, dass der Lebensstandard als Lustgewinn definiert wird. Dies würde bedeuten, dass verschiedene Formen der Lust die Dinge sind, die für wertvoll erachtet werden, und dass genau sie den Lebensstandard ausmachen. Demzufolge ist ein hohes Einkommen nicht ein Wert an sich; auch nicht Gesundheit oder die Existenz eines freundlichen Bankmanagers, der bereit ist, Geld zu verleihen. Diese Dinge mögen den Lebensstandard beeinflussen (und tun es in der Regel auch), doch dieser Einfluss muss durch etwas wirksam werden, was für wertvoll erachtet wird – in diesem Fall eine Form von Lust. Auch auf die Gefahr der übermäßigen Vereinfachung hin lässt sich somit feststellen: Wenn die Steigerung einer Variablen den Lebensstandard erhöht und alles andere gleich bleibt, dann ist diese Variable eindeutig etwas, das bei der Bewertung des Lebensstandards für wertvoll erachtet wird.

Die Beantwortung der »Welche«-Frage bringt uns ein gutes Stück weiter. Man kann zum Beispiel sagen, dass, wenn der Lebensstil x mehr von allen geschätzten Dingen beinhaltet als der Lebensstil y, x einen höheren Lebensstandard bedeutet als y. Die für wertvoll erachteten Dinge lassen sich in eine »partielle Rangordnung« bringen, die unterschiedlich gekennzeichnet werden kann. Die einfachste Form ist vielleicht die folgende: Wenn x mehr von einigen geschätzten Dingen und nicht weniger als y beinhaltet, dann stellt x den höheren Lebensstandard dar. Ich bezeichne dies als »partielle Dominanz-Rangordnung«.

Die partielle Dominanz-Rangordnung ist den Ökonomen aus vielen Zusammenhängen bekannt. In der Wohlfahrtsökonomie dient sie dazu, *soziale* Vergleiche in Bezug auf individuelle Präferenzen oder individuellen Nutzen anzustellen, und in diesem Fall steht sie für das sogenannte Pareto-Prinzip: Wenn jemand im Zustand x mehr Nutzen hat als im Zustand y und niemand im Zustand x weniger Nutzen hat als im Zustand y, dann ist x sozial besser als y. Die Verwendung des Dominanz-Kriteriums wird häufig für unstrittig gehalten, und das wäre sie auch, wenn die Dinge, die bei sozialen Klassifizierungen als wertvoll ermittelt werden, genau mit dem individuellen Nutzen zusammenfielen – nicht mehr und nicht weniger. Diejenigen von uns, die die Unstreitigkeit des Pareto-Prinzips in Frage gestellt haben, haben die bei sozialen Klassifizierungen verwendeten Wertkriterien angezweifelt (sie haben darauf verwiesen, dass Merkmale, die sich *nicht* am Nutzen messen lassen, eine intrinsische und direkte Relevanz haben können) (Sen 1970, 1977b, 1979a, 1979b). Die Legitimität des »Dominanz«-Kriteriums selbst wurde damit allerdings nicht in Frage gestellt. Diese Kontroverse bezieht sich auf die Bewertung des »sozial« Angemessenen und nicht auf die Einschätzung des Lebensstandards einer Person oder einer Gruppe. Die partielle Dominanz-Rangordnung bringt uns zwar ein gutes Stück weiter, doch es ist sehr unwahrscheinlich, dass sie ein adäquates Instrument für all die Vergleiche ist, die wir anstellen möchten. Wenn x mehr von dem einen Wert und y mehr von dem anderen beinhaltet, dann lassen sich x und y nicht in eine Bewertungsskala einordnen. Um dies zu tun, muss die Frage der relativen Bedeutung der verschiedenen für wertvoll erachteten Dinge geklärt werden. Wir benötigen folglich Vergleichsmaßstäbe, die uns über den relativen Stellenwert Auskunft geben, der den verschiedenen Dingen im Zuge der Bewertung gegeben wird. Das Dominanz-Kriterium bedarf der Ergänzung durch die Feststellung der relativen Bedeutung.

Nutzen, Werte und Bewertungsmethoden

Die utilitaristische Tradition hat ihre spezifische Art, die relative Bedeutung verschiedener Werte zu messen. In Anbetracht des Einflusses dieser Tradition auf die normative Wirtschaftswissenschaft (etwa durch die Arbeiten von Bentham, Mill, Jevons, Sidgwick, Edgeworth, Marshall und Pigou) ist es nicht überraschend, dass es oft als selbstverständlich gilt, dass in der Wirtschaftswissenschaft jedes Bewertungskonzept letztlich auf einem Nutzenbegriff zu basieren hat.[3] Der Lebensstandard bildet hier keine Ausnahme.

Es gibt allerdings zwei verschiedene Möglichkeiten, den Lebensstandard vom Nutzen her zu definieren, und sie scheinen in der Literatur über Wohlfahrtsökonomie ein wenig durcheinandergebracht zu werden. Die eine basiert darauf, dass der Nutzen als ein Wert an sich gesehen wird. Wie A.C. Pigou es formulierte: »Die Wohlfahrtselemente sind Bewusstseinszustände und wohl auch deren Beziehung zueinander« (1950:10). Dieser Auffassung zufolge ist Nutzen in Form bestimmter mentaler Verfassungen das Wertvolle, und zwar das einzige intrinsisch Wertvolle. Eine zweite Auffassung betrachtet den Nutzen als ein Bewertungsverfahren, durch das *andere* als wertvoll erachtete Dinge, beispielsweise materielle Güter, bewertet werden. Pigou sagte an anderer Stelle: »Wenn wir eine einzelne Person betrachten, deren Vorlieben als feststehend angesehen werden können, sagen wir, dass ihre Dividende in Periode II größer ist als in Periode I, wenn die Dinge, die in Periode II hinzukommen, Dinge sind, die sie *mehr wünscht* als diejenigen, die in Periode II wegfallen« (1952:51). Paul Samuelson fasst den Ansatz knapper zusammen: »Das Realeinkommen einer Person ist für den Güterkorb II dann höher als für I, wenn II auf ihrer Indifferenz- oder Präferenzskala höher steht« (1050:21).

Falls die Indifferenzskalen auf dem Gesamtnutzen basieren, müssten die beiden Ansätze, so könnte man meinen, zu den gleichen Bewertungen führen, und die Bewertung von materiellen Gütern unter dem Aspekt des Nutzens müsste mit der Bewertung des Nutzens *an sich* zusammenfallen. Doch dem ist nicht so. Nehmen wir eine Person, die in Periode I und Periode II alle Güterkörbe unter dem Aspekt des Nutzens auf genau die gleiche Weise bewertet, aber in Periode I aus jedem Korb mehr Nutzen zieht als in Periode II. In diesem Fall ist es sehr wohl möglich, dass der Nutzwert von Korb II in jeder Periode höher ist als der von Korb I; dennoch ist der Nutzen, der in Periode I tatsächlich aus Korb I erzielt wurde, höher als der Nutzen, der in Periode II tatsächlich aus Korb II erzielt wurde. Der jeweilige Nutzen ließe sich in absteigender Ordnung also folgendermaßen darstellen, wenn $U_I(.)$ und $U_{II}(.)$ die Nutzenfunktionen in den beiden Perioden und x_I und x_{II} die jeweiligen Güterkörbe sind:

$$U_{\mathrm{I}}\,(x_{\mathrm{II}})$$
$$U_{\mathrm{I}}\,(x_{\mathrm{I}})$$
$$U_{\mathrm{II}}\,(x_{\mathrm{II}})$$
$$U_{\mathrm{II}}\,(x_{\mathrm{I}})$$

Wenn der Nutzen zur Bewertung von Gütern herangezogen wird, dann muss x_{II} höher eingestuft werden als x_{I}. Ist Pigous Bedingung von »feststehenden Vorlieben« (in Form einer unveränderten »Indifferenz- oder Präferenzskala«) gegeben, muss der Lebensstandard (in Form des Realeinkommens) in der zweiten Periode höher bewertet werden als in der ersten. Wird dagegen der Lebensstandard in Form der wirtschaftlichen Wohlfahrt als Nutzen an sich definiert (»Bewusstseinszustände«, wie Pigou sagt), dann ist dieser in der ersten Periode eindeutig höher als in der zweiten, da $U_{\mathrm{I}}\,(x_{\mathrm{I}}) > U_{\mathrm{II}}\,(x_{\mathrm{II}})$. Die Bewertung von Güterkörben *durch* den Nutzenindex ist nicht dasselbe wie der Vergleich des Gesamtnutzens. Es ist ein Unterschied, ob der Nutzen der Wert an sich ist oder ob er lediglich dazu verwendet wird, andere für wertvoll erachtete Dinge einzuschätzen.

Bei der Bewertung des Nutzens für die Einschätzung des Lebensstandards ist zu beachten, dass er sowohl Wert und als auch Bewertungsmethode sein kann. Und dies ist besonders schwierig, da es zudem mindestens drei verschiedene Möglichkeiten gibt, den Nutzen zu definieren, nämlich als Lust, Wunscherfüllung oder Entscheidungsfreiheit. Daher sind letztlich sechs verschiedene Kästchen zu untersuchen.

Der Lebensstandard: Begriffe und Kritik

Nutzen als Lust- und Glücksgewinn

Ich beginne mit der Auffassung, der Nutzen bestehe in Lustgewinn. Dieser Begriff wird in vielerlei Weise verwendet. Manchmal wird Lust eng definiert, so beispielsweise in der freudlosen Diagnose von John Selden: »Lust ist nichts anderes als die Abwesenheit von Schmerz«; oder in Dr. Samuel Johnsons Beschreibung eines angeblichen Dilemmas: »Die Ehe bringt viel Ungemach, aber die Ehelosigkeit bringt keine Lusterlebnisse.« Dem steht die Annahme mancher Utilitaristen gegenüber, alles, was *geschätzt* werde, müsse aus diesem Grund auch Lust verschaffen, und das Ausmaß der Lust reflektiere die Intensität der Wertschätzung.

Diese utilitaristische Auffassung mutet ein wenig unwahrscheinlich an, da Wertschätzung ein reflektiver Vorgang ist, der auf indirekte und komplexe Weise mit dem Ziel des Lustgewinns verbunden ist. Jeremy Benthams »Glückskalkül« basierte zweifellos auf einer sehr weit gefassten Definition. Nur in einem sehr weit gefassten Sinne kann Lust als eine Art »Glück« betrachtet werden (und die Grundlage für Benthams »größtmögliches Glücksprinzip« abgeben). Marshalls und Pigous Verwendung des Begriffs »Zufriedenheit« ist ebenfalls breit angelegt (Marshall 1949: Book 3; Pigou 1952: Kapitel 2).

Man kann durchaus die Meinung vertreten, es sei schlichtweg falsch, Zufriedenheit, Glück oder Lust als homogene Größen zu betrachten, und es gebe hier bestenfalls einen Vektor mit verschiedenen Komponenten, die sich auf verschiedene Arten von mentalen Verfassungen und auf verschiedene kausale Einflüsse beziehen.[4] Gleichviel, ob diese verschiedenen Formen der Lust als kommensurabel betrachtet werden oder nicht, eine weit gefasste Definition ist nicht zu vermeiden, wenn der Lustgewinn-Ansatz ernsthaft den Anspruch erheben will, das grundlegende Kriterium für die Bewertung des Lebensstandards zu liefern. Die Frage ist: Hat dieser Ansatz auch bei einer weit gefassten Definition tatsächlich eine *starke* Aussagekraft?

Man kann ohne weiteres annehmen, dass Glücklichsein etwas Wertvolles ist und dass Glück bei der Messung des Lebensstandards einen Wert (oder, falls Glück in pluraler Form gesehen wird, einen Komplex von Werten) darstellt. Die interessante Frage im Zusammenhang mit diesem Ansatz ist nicht die Legitimität der durchaus überzeugenden Auffassung, Glück sei etwas Wertvolles, sondern die *ausschließliche* Legitimität dieser Sichtweise. Nehmen wir einen sehr benachteiligten Menschen, der arm, ausgebeutet, überarbeitet und krank ist, durch soziale Konditionierung (etwa durch Religion, politische Propaganda oder kulturellen Druck) jedoch dazu gebracht wurde, sich mit seinem Schicksal zufrieden zu geben. Kann man wirklich annehmen, dass es ihm gut geht, weil er glücklich und zufrieden ist? Kann der Lebensstandard eines Menschen hoch sein, wenn das Leben, das dieser führt, voller Entbehrungen ist? Der Lebensstandard lässt sich nicht losgelöst von der Art des Lebens bestimmen, das ein Mensch führt. Als wertvoll erachtetes Gut kann Glück oder Lust (auch bei einer weit gefassten Definition) keinen ernsthaften Anspruch auf *ausschließliche* Relevanz erheben.

Damit wären wir bei der anderen Möglichkeit, den Begriff Nutzen zu gebrauchen – nicht als Wert, sondern als Bewertungsmethode. Dieser Gebrauch ist für die Interpretation des Nutzens als Lust- oder Glücksgewinn allerdings besonders ungeeignet. Einen Lustgewinn zu haben oder glücklich zu sein, ist weder ein Bewertungsvorgang noch eng mit irgendwelchen Bewertungsvorgängen verbunden. Die Feststellung: »Ich finde x noch immer erstrebenswert, aber ich habe es nicht, und ich habe gelernt, auch ohne x glücklich und zufrieden zu sein«, hat nichts Überraschendes. Es gibt zwar einen Zusammenhang zwischen Bewertungen und Glücksgefühlen, aber sie können nicht gleichgesetzt werden; auch kann nicht angenommen werden, dass sie so eng miteinander verbunden sind, dass das eine an die Stelle des anderen treten könnte.

Es ist natürlich möglich, in den Glücksbegriff mehr hineinzulegen, als es üblicherweise getan wird, und das Erreichen gewisser Ziele als Teil eines »wirklichen Glücklichseins« zu betrachten. Wäre man ausschließlich auf den Glücksbegriff angewiesen und müsste jeder Bewertung allein das Glück zugrunde legen, dann wäre diese Erweiterung des Begriffs vernünftig. Und es ist keineswegs überraschend, dass diese Erweiterung besonders demjenigen Utilitaristen gefallen würde, der auf die Freiheit verzichtet hat, andere Begriffe zu verwenden. Aber das ist eine andere, sehr spezielle Frage.

Die ganze Fragestellung ist auch von allgemeinem intellektuellen Interesse, da die Breite und Fülle des griechischen Begriffs *eudaimonia* auf ähnlich weit gefasste Interpretationen von Glück oder Lust verweist.[5] Doch in dem uns interessierenden Kontext ist es nicht sehr sinnvoll, in diese Richtung zu gehen, da sehr wohl andere Vorstellungen von Wert und Bewertung vertretbar sind, die nicht an Lust oder Glück gekoppelt sind. Es gibt noch viele andere Wege, die unsere Aufmerksamkeit verdienen. Noch haben wir keinen Ansatz ausgeschlossen.

Wünsche und äußere Lebensumstände

Was lässt sich über die Interpretation des Nutzens als Wunscherfüllung sagen? Pigou war zwar der Ansicht, der Nutzen basiere auf Zufriedenheit und nicht auf Wunscherfüllung, aber dennoch glaubte er, die Intensität eines Wunsches, die sich in der Nachfrage widerspiegelt, sei ein guter Maßstab für Zufriedenheit: »Man kann zu Recht annehmen, dass die meisten Güter … mit der Intensität gewünscht werden, die in einem proportionalen Verhältnis zur erwarteten Zufriedenheit steht« (1952: 24).[6] Dieser Zusammenhang spielte eine wichtige Rolle in Pigous Analyse des Lebensstandards und der wirtschaftlichen Wohlfahrt und ermöglichte es ihm, sie als Zufriedenheit und Wunscherfüllung zu fassen; er ging davon aus, dass »die wirtschaftliche Wohlfahrt … in den Formen der Zufriedenheit und Unzufriedenheit besteht, die sich in Geld messen lassen« (1952: 23).

Wird Zufriedenheit jedoch aus den bereits erwähnten Gründen (oder aus irgendeinem anderen Grund) als Bewertungsgrundlage verworfen, dann lässt sich auch Pigous Annahme von der *abgeleiteten* Bedeutung von Wünschen nicht halten. Doch es gibt eine lange Tradition, die der Wunscherfüllung als solcher (und nicht als etwas Abgeleitetem, das in Zusammenhang mit Zufriedenheit steht) einen großen Stellenwert gibt. Es ist auch zutreffend, dass das Wünschen als eine Aktivität einen bewertenden Aspekt hat, was unter anderen Frank Ramsey betont hat (Ramsey 1926). Kann man sagen, dass die Interpretation des Nutzens als Wunscherfüllung eine adäquate Bewertungsmethode darstellt (Hare 1981; Griffin 1982)? Diese Behauptung bedarf der näheren Untersuchung.

Zwischen Wertschätzung und Wunsch besteht ein komplexes Verhältnis.[7] Ein Wunsch mag eng mit einer Wertschätzung verbunden sein, stellt für sich genommen jedoch keine Bewertung dar. Er ist eine plausible und häufige *Konsequenz* einer Wertschätzung, aber Wünschen und Wertschätzen sind nicht dasselbe. Es ist keineswegs widersprüchlich, wenn man sagt, dass man etwas nicht schätzt, obwohl man es sich wünscht; oder dass die Wertschätzung nicht so stark ist wie der Wunsch. Es wäre schon recht seltsam, wenn man die beiden gleichsetzen und beispielsweise sagen würde: »Ich muss x sehr schätzen, weil ich mir x sehr wünsche.« Falls es einen Zusammenhang zwischen Wünschen und Wertschätzen gibt, handelt es sich gewiss nicht um eine Identität.

Könnte man sagen, dass ein Wunsch einen Gegenstand *wertvoll macht*? Diese Auffassung mag auf den ersten Blick reizvoll sein, doch es ist schwer, den Zusammenhang zwischen Wünschen und Wertschätzen so zu sehen. Es ist verblüffender, wenn jemand sagt »ich schätze x, *weil* ich es mir wünsche«, als wenn er sagt »ich wünsche mir x, *weil* ich es schätze«. Die Wertschätzung ist ein ausgezeichneter Grund, etwas zu wünschen, und so gesehen, ist das Wünschen eine natürliche Konsequenz der Wertschätzung. Es wäre schon seltsam, dieses Verhältnis umzukehren und die Wertschätzung als eine Konsequenz des Wunsches zu sehen. »Warum schätzt du x?«, fragt sie. Ich erwidere triumphierend: »Weil ich es mir *wünsche*!« So könnte man sich zwar gut den Ruf der Undurchschaubarkeit erwerben, aber es ist keine sonderlich effektive Art und Weise, die gestellte Frage zu beantworten. Es gibt selbstredend einige Tätigkeiten, bei denen das Wünschen und Begehren ein wichtiger Teil der Tätigkeit selbst ist (z. B. die Befriedigung der Neugier oder der Vollzug des Liebesakts), und in diesen Fällen muss dem Wunsch eine integrale Rolle bei der Wertschätzung zufallen. Doch Wünsche können kaum eine adäquate Basis für Wertschätzung abgeben.[8]

Wünsche spielen insofern eine strategische Rolle, als sie unser Wollen glaubwürdig machen und unseren Bestrebungen Nachdruck verleihen. Wie wichtig dieser Aspekt ist, zeigt sich deutlich bei *interpersonellen* Vergleichen. Ein armer Mensch kann im Vergleich zu einem reichen Menschen nicht nur weniger Geld für das ausgeben, was er sich wünscht, sondern schon die mentale Intensität des Wunsches wird durch die Kontingenz der äußeren Lebensumstände beeinflusst. Der hoffnungslose und unterdrückte Mensch hat nicht den Mut, sich Dinge zu wünschen, die sich andere, von der Gesellschaft besser behandelte Menschen mit sorgloser Zuversicht wünschen. Wenn jemand sich nichts wünscht, was seine Mittel überschreitet, so spiegelt sich darin nicht unbedingt fehlende Wertschätzung, sondern nur fehlende Hoffnung und Angst vor der unvermeidbaren Enttäuschung wider. Die Unterprivilegierten arrangieren sich mit den sozialen Ungleichheiten, indem sie ihre Wünsche in Übereinstimmung mit ihren Möglichkeiten bringen. Den Wunsch als Maßstab zu nehmen, ist daher nicht sehr fair; so lässt sich weder die Intensität einer Wertschätzung noch das erfassen, was ein Mensch bei ernsthafter und angstfreier Überlegung schätzen würde.

Es ist leicht einzusehen, dass Wünsche in bestimmten Situationen einen evidentiellen Informationswert besitzen, da sie uns sagen, was ein Mensch schätzt oder nicht schätzt. Dies kann durchaus nützlich sein, da die Wünsche *anderer* wegen dieser Evidenz für uns einen Grund darstellen können, sie zu unterstützen. Aber zwischen diesem Sachverhalt und der Annahme, die Intensität eines Wunsches sage etwas über das Maß der Wertschätzung aus, liegt ein langer und mit vielen Bedenken gepflasterter Weg. Die Mängel zeigen sich besonders bei *interpersonellen* Vergleichen des Wohlergehens oder des Lebensstandards. Dabei ist das Entscheidende nicht, dass keine interpersonellen Vergleiche von Wünschen auf wissenschaftlicher Basis möglich seien (wie Lionel Robbins [1938] anscheinend angenommen hat), sondern dass Wünsche bei interpersonellen Vergleichen des Wohlergehens oder des Lebensstandards nicht sehr hilfreich sind. Das Problem ist *nicht* die Unmöglichkeit, sondern die Verzerrung.

Aus den bereits erwähnten Gründen stellt Wunscherfüllung – wenn überhaupt – einen sehr begrenzten Gegenstand der Wertschätzung dar. Bei der Bewertung des Wohlergehens oder des Lebensstandards eines Menschen mag das Glück direkte Relevanz besitzen, und es gilt verständlicherweise als ein Wert unter anderen. Doch bei Wünschen ist zu fragen, welchen Stellenwert sie haben: Wenn ein Mensch sich etwas wünscht, was er nicht entsprechend schätzt und auch bei weiterer Überlegung nicht schätzen würde, ist es wohl nicht sinnvoll, die Erfüllung dieses Wunsches in die Bewertung des Wohlergehens oder des Lebensstandards dieses Menschen aufzunehmen (siehe Sen 1974, Broome 1978, Majumdar 1980, Pattainaik 1980, Winston 1980, Hollis 1981, van der Veen 1981, Goodin 1982, Hirschman 1982, McPherson 1982, Akerlof 1983, Elster 1983 und Schelling 1984).

Ebenso klar ist, dass die Erfüllung der Wünsche eines Menschen ein Indikator für ein hohes Niveau des Wohlergehens oder des Lebensstandards sein kann, aber nicht sein muss. Der geschlagene Sklave, der gebrochene Arbeitslose, der in Hoffnungslosigkeit lebende Arme, die unterdrückte Hausfrau – sie haben vielleicht den Mut, wenig zu wünschen, aber die Erfüllung dieser klein gehaltenen Wünsche ist nicht ein Zeichen für großen Erfolg und kann nicht in der gleichen Weise behandelt werden wie die Erfüllung selbstbewusst vorgetragener und anspruchsvoller Wünsche der Bessergestellten.

Wunscherfüllung kann folglich nicht der einzige Gegenstand der Wertschätzung sein (falls sie überhaupt einen Wert darstellt), und als Bewertungsmethode weist sie viele Mängel auf. Die Interpretation, die den Nutzen an der Wunscherfüllung festmacht, ist als Bewertungsmethode vielleicht besser geeignet als die Interpretation, die Lustgewinn als Maßstab nimmt (da das Wünschen in einem unmittelbareren Zusammenhang mit Wertschätzung als mit Lustgewinn steht), aber auch sie ist keine wirklich geeignete Methode. Wünschen ist weder dasselbe wie Wertschätzen, noch verleiht es per se den Dingen einen Wert, noch ist es ein guter Indikator für das, was geschätzt wird (oder geschätzt werden sollte). Somit ist seine Rolle als Bewertungsmaßstab überaus kontingent und begrenzt.[9]

Entscheidungsfreiheit und Bewertung

Was ist zur dritten Interpretation des Nutzens zu sagen, die Entscheidungsfreiheit für das entscheidende Kriterium hält? Die schwächere Version dieses Ansatzes, die lediglich »ordinale« Vergleiche beinhaltet, besagt: Entscheidet sich jemand für x, wenn er auch y haben kann, dann hat x für ihn einen höheren Nutzen als y. Stärkere Versionen leiten »kardinale« Nutzenmaße von einer Entscheidungsfreiheit ab, bei der anspruchsvollere Verhaltensmuster im Spiel sind (vgl. bei einer Lotterie). Das

Entscheidungsverhalten ist selbstverständlich an sich interessant. Doch als Interpretationsmöglichkeit des Wohlergehens wird die der Entscheidungsfreiheit zugrunde liegende binäre Relation stark strapaziert.[10] Sie verwechselt Entscheiden mit Nutznießen, und sie tut dies durch eine Art definitorischen Trick. Die Popularität dieser Auffassung in den Wirtschaftswissenschaften mag darauf zurückzuführen sein, dass man einerseits überaus großen Wert auf Beobachtbarkeit legt und andererseits der festen Überzeugung ist, Entscheidungen (insbesondere solche, die am Markt getroffen werden) seien der einzige Aspekt des Menschen, der sich beobachten ließe.

Eine Entscheidung ist offensichtlich etwas ganz anderes als Wertschätzung, und sofern sie in einem Zusammenhang mit Wertschätzung steht, muss sich dieser teilweise daraus ergeben, dass eine Entscheidung einen Wunsch *widerspiegelt*. Vieles von dem, was über die Interpretation des Nutzens als Wunscherfüllung gesagt wurde, gilt folglich auch in diesem Fall[11], mit der Einschränkung allerdings, dass der Maßstab der Wunscherfüllung bei *interpersonellen* Vergleichen, welche auf der *Intensität* von Wünschen basieren, den Unterprivilegierten nicht gerecht wird. Aus der Interpretation des Nutzens als Entscheidungsfreiheit ergibt sich unmittelbar keine praktische Methode für interpersonelle Vergleiche. Jeder Mensch trifft seine Entscheidungen, und interpersonelle Nutzenvergleiche lassen sich nicht aus den tatsächlichen beobachtbaren Entscheidungen verschiedener Individuen ableiten. Man kann diesen Ansatz auch auf imaginäre Entscheidungen ausdehnen, etwa in der Art: »Würden Sie lieber die Person i oder die Person j sein, wenn Sie die Wahl hätten?«; diesen Kunstgriff haben Vickrey, Harsanyi und andere benutzt, um zu irgendeiner Art von interpersonellen Vergleichen zu kommen (Vickrey 1945, Harsanyi 1955).[12] Doch die Relevanz derartiger kontrafaktischer Entscheidungen ist nicht klar, und die Antworten sind zum einen schwer zu interpretieren, zum anderen lässt sich auf ihnen kaum aufbauen. Die Interpretation des Nutzens als Entscheidungsfreiheit ist generell problematisch, und sie wird vollends unbrauchbar, wenn sie versucht, interpersonelle Vergleiche zu skalieren.

Es gibt noch ein weiteres Problem bei der Interpretation von Entscheidungen. Die eigene Entscheidung muss von einer Motivation abhängen. Das Streben nach dem eigenen Wohlergehen ist zwar eine gute, aber natürlich nicht die einzig mögliche Motivation. Tut man etwas aus Nationalstolz, für den Fußballverein oder zum Vorteil der Großtante, kann die Auswirkung auf das eigene Wohlergehen sekundär und abgeleitet sein, da die Hauptantriebskraft für die Entscheidung von etwas anderem herrührt. Betrachtet man Entscheidungsfreiheit unter diesen Umständen als Ausdruck von Wohlergehen, übersieht man die motivationale Komplexität des Entscheidungsverhaltens.

Bis zu einem gewissen Grad stellt sich dieses Problem auch bei der Interpretation des Nutzens als Wunscherfüllung, denn man kann durchaus wünschen, etwas zu tun, nicht weil es für einen selbst besonders gut ist, sondern aus einem anderen Grund. Man kann selbstverständlich davon ausgehen, dass das eigene Wohlergehen negativ beeinflusst wird, wenn man nicht das erreicht, was man sich vorgenommen hat, oder wenn man nicht das bekommt, was man sich wünscht. Enttäuschung, Frustration und ein Gefühl des Versagens können durchaus das Wohlergehen eines Menschen beeinträchtigen, gleichgültig, welche Ziele er sich gesetzt hat. Doch es ist schwer zu glauben, dass die Intensität von Wünschen oder der Umfang von Entscheidungsmöglichkeiten das Wohlergehen eines Menschen angemessen zum Ausdruck bringen, da die grundlegende Motivation nicht die Vermeidung von Enttäuschung oder Frustration, sondern etwas wie nationaler Ruhm oder ein soziales oder politisches Ideal ist.

Wir müssen zu dem Schluss kommen, dass keine der Nutzen-Interpretationen (als Lustgewinn, Wunscherfüllung oder Entscheidungsfreiheit) viel dazu beiträgt, Wohlergehen oder Lebensstandard einzuschätzen, gleichviel, ob wir sie als Gegenstand der

Wertschätzung oder als Bewertungsmethode sehen. Sie stehen natürlich in einem gewissen Zusammenhang mit dem Wohlergehen und dem Lebensstandard, so dass die utilitaristische Interpretation des Lebensstandards eine oberflächliche Plausibilität besitzt. Glück ist zweifellos ein (wenn auch nicht der einzige) *Wert*, der bei der Einschätzung des Lebensstandards eine Rolle spielt, und Wünsche und Entscheidungen haben einen gewissen evidentiellen Informationswert in Bezug auf Wertschätzung (wenngleich sie mit Ambivalenzen und systematischen Verzerrungen verbunden sind). Nutzen und Lebensstandard stehen zwar in einem Zusammenhang, aber sie sind eher Cousins zweiten Grades als Geschwister.

Wohlstand, Güter, tatsächliche Möglichkeiten und Fähigkeiten

Da uns der Nutzenbegriff nicht sehr weit bringt, was durch den ihm innewohnenden »Subjektivismus« bedingt ist, sollten wir über objektivere Maßstäbe nachdenken. Eine Betrachtungsweise, die den Lebensstandard als Besitz von Waren und als Wohlstand definiert, scheint ernst zu nehmende Vorteile zu bieten. Dies ist denn auch die übliche Auffassung von »Realeinkommen«, das in einem engen Zusammenhang mit dem Lebensstandard zu stehen scheint. Auch Pigou meinte, bei der Bestimmung »eines nationalen realen Mindesteinkommens«, unter das Menschen nicht fallen sollten, »sollte dieses nicht als ein subjektives Mindestmaß an Zufriedenheit, sondern als ein objektives Mindestmaß an Bedingungen konzipiert werden«. Dann kennzeichnete er dieses Mindestmaß als den Besitz bestimmter Güter: »Das Mindestmaß umfasst eine genau definierte Quantität und Qualität der Wohnung, medizinischen Versorgung, Erziehung, Nahrung, Freizeit, sanitären Einrichtungen, Sicherheit des Arbeitsplatzes usw.«[13]

Pigou erörterte dann die Plausibilität der Förderung des Nutzens in Form der »wirtschaftlichen Wohlfahrt«, indem er einen »Mindeststandard« festlegte und fragte »durch *welchen* Mindeststandard er am wirksamsten gefördert wird«. So sollte der »objektive« Ansatz eines realen Mindesteinkommens letztlich auf der Verfolgung des eigenen Nutzens basieren. Doch Pigou verfolgte diesen Weg nicht weiter. Er gab den Verknüpfungsansatz aus dem ehrbaren und tröstlichen (wenn auch etwas verblüffenden) Grund auf, dass um ihn weiterzuverfolgen, »es nötig wäre, eine Menge detaillierter Informationen zu beschaffen und zu analysieren, von denen viele unter den derzeitigen Umständen den Wissenschaftlern nicht zugänglich sind« (1952: 76).

Wenn wir nach einer objektivistischen Vorgehensweise suchen, sind wir dann hier auf dem richtigen Weg? Die von Pigou formulierte Liste der Mindesterfordernisse ist zweifellos unmittelbar einleuchtend; auch scheint es generell sinnvoll, die Verfügung über lebenswichtige Güter zum Verständnis des Lebensstandards heranzuziehen. Es lässt sich in der Tat ohne weiteres sagen, dass es plausibler ist, den niedrigen Lebensstandard eines Menschen dahingehend zu definieren, dass er nicht anständig wohnt, keine ausreichenden Nahrungsmittel oder keine medizinische Grundversorgung hat, als festzustellen, er sei schlicht unglücklich oder frustriert. Die Konzentration auf den Besitz lebenswichtiger Güter scheint in die richtige Richtung zu weisen.[14]

Die schwierigere Frage ist nicht, ob dies der richtige Weg ist, sondern ob es richtig ist, bei der Aufzählung der Güter stehen zu bleiben. Wohlstand in Form von Güterbesitz ist zweifellos für die Bewertung des Lebensstandards wichtig, aber lässt sich der Lebensstandard am besten *als* Wohlstand definieren? In dieser Vorlesung wurde an anderer Stelle zwischen »gut gestellt sein« und »gut gehen« unterschieden; man kann zwar sagen, dass »gut gehen« mit »gut gestellt sein« verbunden ist, doch sie sind nicht dasselbe und können erheblich voneinander abweichen.[15]

Diese Unterscheidung bedarf der Vertiefung. Nehmen wir zwei Personen A und B. Beide sind recht arm, aber B ist ärmer. A hat ein höheres Einkommen und kann sich vor allem mehr Nahrungsmittel leisten. Doch A hat einen höheren Stoffwechsel und eine Parasitenkrankheit, so dass er trotz seines größeren Nahrungsmittelverbrauchs stärker unterernährt und körperlich schwächer ist als B. Jetzt ist die Frage: Wer von den beiden hat einen höheren Lebensstandard? Ich glaube, dies ist keine Preis-Frage (und wenn sie es ist, ist es leicht verdientes Geld). A mag reicher oder besser versorgt sein, aber man kann wirklich nicht sagen, dass er den höheren Lebensstandard hat, da er stärker unterernährt und körperlich schwächer ist. Der Lebensstandard lässt sich nicht auf Wohlstand reduzieren, obwohl er *unter anderem* durch ihn beeinflusst wird. Er muss direkt mit dem Leben zusammenhängen, das jemand führt, und nicht mit den Ressourcen, die jemand hat, um ein bestimmtes Leben zu führen. Die Aufgabe des Nutzenkriteriums und die Hinwendung zu einer objektivistischen Betrachtungsweise mögen richtig sein, aber diese darf nicht bei der Versorgung mit bestimmten Gütern stehen bleiben.

Wie gut oder schlecht genährt ein Mensch *in Relation zu* seiner Nahrungsaufnahme ist, wird durch verschiedene physiologische, medizinische, klimatische und soziale Faktoren beeinflusst. Um den gleichen Ernährungsgrad wie jemand anderes zu erreichen, braucht die eine Person mehr Nahrungsmittel, weil sie einen höheren Stoffwechsel (oder einen größeren Körperumfang) hat, oder weil sie schwanger ist (oder stillt), oder weil sie eine Krankheit hat, die die Absorption der Nahrung erschwert, oder weil sie in einem kälteren Klima lebt, oder weil sie schwer arbeiten muss, oder weil die Nahrungsmittel noch für andere Zwecke verwendet werden (Unterhaltung, Zeremonien oder Feste). Pigous Ansatz der Verfügung über Nahrungsmittel war eindeutig richtig, doch es geht eigentlich nicht so sehr um die Nahrungsmittel als solche, sondern um die Art des Lebens, das man mit Hilfe von Nahrungsmitteln und anderen Gütern führen kann, beispielsweise, ob man gut genährt sein kann, ob man die Fähigkeit besitzt, Menschen zu bewirten usw.

Das Gleiche gilt für andere Güterarten und andere tatsächliche Möglichkeiten – beziehungsweise Lebensbedingungen –, die durch diese Güter gefördert werden. Marx verurteilte den »Warenfetischismus« (1887) zwar in einem anderen Kontext, aber dieser hat auch für den Begriff des Lebensstandards große Relevanz. Auf dem Markt zählen Güter, und unser Erfolg im materiellen Bereich wird häufig nach unserem Wohlstand beurteilt; gleichwohl sind Güter nicht mehr als Mittel für andere Zwecke. Was letztlich im Vordergrund stehen muss, ist das Leben, das wir führen: das, was wir tun oder nicht tun können, das, was wir sein oder nicht sein können. An anderer Stelle habe ich die unterschiedlichen Lebensbedingungen, die wir erreichen oder nicht erreichen können, unsere »tatsächlichen Möglichkeiten« und unser Vermögen, sie zu erreichen, unsere »Fähigkeiten« genannt (Sen 1984a: Einleitung und Kapitel 13–20). Das Entscheidende ist, dass der Lebensstandard tatsächlich eine Frage der tatsächlichen Möglichkeiten und Fähigkeiten ist und sich nicht direkt an Wohlstand, Gütern oder Nutzen festmachen lässt.

Dieser Ansatz geht nicht nur auf Marx, sondern auch auf Adam Smith zurück. Trotz der häufig aufgestellten Behauptung, Adam Smith sei hauptsächlich an der »Wohlstandsmaximierung« interessiert gewesen, deutet vieles darauf hin, dass ihm sehr daran gelegen war, die Konzentration auf Güter (und Wohlstand) und den Fetischismus zu vermeiden, von dem Marx später sprach.[16] Adam Smith ging weit über die Standardcharakterisierungen von Lebensbedingungen hinaus, richtete das Augenmerk auch auf solche tatsächlichen Möglichkeiten wie »sich ohne Scham in der Öffentlichkeit zeigen« und analysierte, wie die dafür notwendigen Güter – Kleider, Schuhe usw. – je nach sozialen Gebräuchen und kulturellen Normen variierten (Smith 1910: 351–53). Diese Gebräuche und Normen werden ihrerseits durch die in den jeweiligen Gesellschaften herrschenden ökono-

mischen Bedingungen beeinflusst. Bei der Analyse dieses Zusammenhangs grenzte Adam Smith seinen Ansatz nicht nur
vom Warenfetischismus und von der Wohlstandsmaximierung
ab, sondern zeigte auch den gesellschaftlichen Charakter des Zusammenhangs zwischen Gütern (und Wohlstand) einerseits und
Fähigkeiten (und dem Erreichen bestimmter Lebensbedingungen) andererseits auf. Die Fähigkeit, sich ohne Scham in der Öffentlichkeit zu zeigen, stellt je nach der Gesellschaft, in der man
lebt, unterschiedliche Anforderungen an Güter und Wohlstand.

Das Relative und das Absolute

Den Fähigkeiten-Ansatz werde ich in der zweiten Vorlesung ver-
tiefen. Diese Vorlesung, in der hauptsächlich gewisse Herange-
hensweisen verworfen wurden, möchte ich mit einigen Bemerkungen über internationale Unterschiede bei der Bestimmung
von Armut und über die Heranziehung von Mindestlebensstandards zur Feststellung von Armut beenden. Es gab lebhafte
Auseinandersetzungen über den relativen Charakter der Maßstäbe, mit denen Armut gemessen wird, sowie über die Notwendigkeit, die Grenze höher anzusetzen, wenn der allgemeine Wohlstand zunimmt. Manche haben versucht, dieser Variabilität eine
einfache und direkte Form zu geben. Peter Townsend hat beispielsweise argumentiert:»Da es kein alternatives Kriterium gibt,
wäre es das Beste, ein hinreichendes Auskommen an das durchschnittliche Steigen (oder Sinken) der Realeinkommen zu kop-
peln« (Townsend 1979a, 1979b; siehe auch Fiegehen, Lansley
und Smith 1977, Beckerman und Clark 1982, Townsend 1985
und Sen 1985c). Andere haben in dieser Relativität eine Ver-
wechslung von Armut und Ungleichheit gesehen und gesagt,
dann sei Armut wohl kaum zu beseitigen. Wenn die Armutsgrenze im Verhältnis zum »durchschnittlichen« Einkommen de-

finiert wird, gibt es immer einige, die relativ arm sind.[17] Wieder andere haben nach psychologischen Erklärungen für die Popularität der relativistischen Auffassung gesucht. Dr. Rhodes Boyson, Minister für soziale Sicherheit, sagte beispielsweise kürzlich im Parlament: »Diejenigen, die in den Vereinigten Staaten als arm gelten, verdienen fünfzigmal mehr als jemand mit einem Durchschnittseinkommen in Indien. Das ist ein Beispiel für relative Armut ... Je mehr die Menschen verdienen, desto mehr glauben sie anscheinend, dass es Armut gibt, und sie tun dies vermutlich, damit sie sich darüber freuen können, selbst nicht zu den Armen zu gehören.«[18]

Die Irreführung, die in dieser merkwürdigen Spekulation liegt, lässt sich im Wesentlichen beseitigen, wenn man den Lebensstandard als tatsächliche Möglichkeiten und Fähigkeiten definiert. Einige Fähigkeiten, wie gut genährt zu sein, erfordern unabhängig von dem durchschnittlichen Wohlstand der Gemeinschaft, in der man lebt, mehr oder weniger die gleichen Güter (wie Nahrungsmittel und medizinische Versorgung). Andere Fähigkeiten, wie diejenigen, auf die Adam Smith besonderes Augenmerk richtete, erfordern Güter, die je nach dem durchschnittlichen Wohlstand erheblich variieren. Um ein Leben ohne Scham zu führen, um fähig zu sein, Freunde zu besuchen und zu bewirten, um an dem teilhaben zu können, was in verschiedenen Bereichen geboten wird und worüber die anderen reden, bedarf es in einer Gesellschaft, die generell reicher ist und in der die meisten Menschen etwa über Autos, eine große Auswahl an Kleidung, Radios, Fernsehgeräte usw. verfügen, kostspieligerer Güter und Dienstleistungen. Somit erfordern einige (für einen »Mindest«-Lebensstandard relevante) Fähigkeiten in einer reicheren Gesellschaft mehr Realeinkommen und Wohlstand in Form von Güterbesitz als in ärmeren. Die gleichen absoluten Fähigkeiten können also relativ mehr Einkommen (und Güter) erfordern. Es ist folglich überhaupt nicht unverständlich, im Bereich der Einkommen eine »relativistische« Auffassung zu vertreten, auch wenn Armut im Sinne der gleichen *absoluten* Grundfähigkeiten definiert wird. Rhodes Boysons weit hergeholte psychologische Erklärung ist völlig überflüssig.

Die Vergleiche ergeben natürlich noch andere Unterschiede. Manchmal kosten die gleichen Güter aufgrund der Wechselkurse in den reicheren Ländern relativ mehr als in den ärmeren, was gut von Dan Usher (1968) dargestellt worden ist. Auch die *Fähigkeiten*, die als ein »Minimum« gelten, können in dem Maße nach oben korrigiert werden, wie die Gesellschaft reicher wird und immer mehr Menschen Fähigkeiten erlangen, die in früheren Zeiten wenigen vorbehalten waren (Sen 1981: Kapitel 2,3; siehe auch Hobsbawm 1968 und Wedderburn 1974). Diese Unterschiede erklären zusätzlich die Notwendigkeit eines höheren Einkommens in den reicheren Ländern, um das zu vermeiden, was nach den »geltenden Maßstäben« als Armut betrachtet wird.

Es ist nicht schwer, die verschiedenen Elemente der Relativität der Armutsgrenze im Bereich der Einkommen (und der Güter) auszumachen, wenn der Begriff Lebensstandard eine adäquate Formulierung im Sinne von Fähigkeiten erfährt. Ein schwieriges, aber zentrales Problem bei der Untersuchung von Armut ist der Begriff Lebensstandard selbst.[19]

Pluralität und Bewertung

Zu Beginn dieser Vorlesung habe ich zwischen »kompetitiver Pluralität« und »konstitutiver Pluralität« unterschieden. Ein Großteil dieser Vorlesung hat sich mit einigen grundlegenden Fragen der *kompetitiven* Pluralität befasst, die sich im Zusammenhang mit dem Begriff Lebensstandard stellen. Bei dem Versuch, eine bestimmte Konzeption des Lebensstandards zu entwickeln, wurde eine kritische – und oftmals ablehnende – Position in Bezug auf die Relevanz und Angemessenheit konkurrierender

Konzeptionen eingenommen, die Wohlstand, Glück, Wunscherfüllung oder Entscheidungsfreiheit als Maßstab nehmen. Ich habe zwar begründet, warum ich diese anderen Auffassungen von Lebensstandard ablehne, jedoch auch versucht, sowohl ihre korrelativen als auch ihre kausalen Bezüge zum Lebensstandard deutlich zu machen.

Die Bedeutung von tatsächlichen Möglichkeiten und Fähigkeiten für den Begriff Lebensstandard wird in der zweiten Vorlesung weiter untersucht und analysiert werden. Da es viele Arten von tatsächlichen Möglichkeiten und Fähigkeiten gibt, ist die Frage der *konstitutiven* Pluralität in diesem Zusammenhang besonders wichtig und herausfordernd.[20] Obwohl der Fähigkeiten-Ansatz nicht zu einer bestimmten Bewertungstheorie führt (sondern stattdessen eine Klasse von Bewertungstheorien im Rahmen einer allgemeinen Motivationsstruktur umreißt), bedürfen die der Bewertung zugrunde liegenden Prinzipien einer genauen Untersuchung und Prüfung. Das ist eine der Aufgaben, mit der sich die zweite Vorlesung befassen wird.

Amartya Sen

DER LEBENSSTANDARD:
VORLESUNG II, LEBENSGESTALTUNG
UND FÄHIGKEITEN

Bei der Entwicklung eines angemessenen Ansatzes zur Bewertung des Lebensstandards stellen sich zwei große Herausforderungen. Erstens muss er den Beweggründen gerecht werden, die unserem Interesse an dem Begriff Lebensstandard zugrunde liegen, und die vielfältigen Aspekte des Begriffs berücksichtigen. Es handelt sich um einen Begriff von weitreichender Relevanz, den wir nicht einfach auf eine uns bequeme, aber willkürliche Weise neu definieren können. Zweitens muss der Ansatz in dem Sinne praktisch sein, dass er für aktuelle Bewertungen des Lebensstandards brauchbar ist. Dies begrenzt die Art der Informationen, die gewonnen werden, und die Bewertungstechniken, die angewandt werden können.

Diese beiden Elemente – Relevanz und Brauchbarkeit – führen uns bis zu einem gewissen Grad in unterschiedliche Richtungen. Relevanz verlangt von uns, dass wir auf die dem Begriff Lebensstandard immanenten komplexen Aspekte eingehen, wohingegen Brauchbarkeit nahe legt, die Komplexität in einem vertretbaren Maße zu vereinfachen. Relevanz verlangt von uns Ehrgeiz; Brauchbarkeit drängt zur Beschränkung. Dies ist ein in den Wirtschaftswissenschaften altbekannter Konflikt. Wir sollten ihn klar erkennen, aber nicht zu viel Aufhebens davon machen.

Messmethoden und Motivationen

Diesen Konflikt kannten schon diejenigen, die auf diesem Gebiet Pionierarbeit geleistet haben. Man kann sagen, dass die Disziplin der statistischen Messung des Lebensstandards mit Sir
William Petty und seinem um 1676 geschriebenen, doch erst
nach seinem Tode 1691 veröffentlichten Buch *Political Arithmetick* begann. Pettys Interessen waren weit gespannt. Er war Ana-
tomieprofessor in Oxford und Musikprofessor am Gresham
College. Er erfand das »doppelbödige« Schiff, das leider bei einem Sturm unterging.

Er gab einer Frau das Leben zurück, die wegen Kindestötung
gehängt worden war, wodurch er unverdiente Berühmtheit er-
langte. Er legte seine *Political Arithmetick* Charles II. vor, doch
dieses Werk wurde als zu sehr gegen Frankreich gerichtet beurteilt, um damals veröffentlicht zu werden.

Der Beweggrund für Pettys Schätzung des Nationaleinkommens war ein besseres Verständnis der Lebensbedingungen der
Menschen. Seine statistische Analyse sollte »zeigen«, dass »es
den Untertanen des Königs nicht so schlecht geht, wie es manche Unzufriedene darstellen.« Seine Auffassung von den Lebensbedingungen der Menschen war so weit gefasst, dass sie auch die
»allgemeine Sicherheit« und »das Glück eines jeden Menschen«
einschloss.[1] In Bezug auf die Messungsprobleme war er jedoch
realistisch genug, um sich bei seinen Berechnungen fast
ausschließlich auf den Wohlstand zu konzentrieren. Das Nationaleinkommen als ein Indikator für Wohlstand wurde mit Hilfe
sowohl der »Einkommensmethode« als auch der »Ausgabenme-
thode« ermittelt, was zu rudimentären Schätzungen führte.

Petty war sehr auf genaue Messungen bedacht. Er war ein
großer Quantifizierer und stand »intellektuellen Argumenten«,
wie er sich ausdrückte, sehr skeptisch gegenüber. Er erklärte
stolz, er drücke sich lieber in »Zahlen, Gewichten und Maßen
aus«, anstatt »nur komparative und superlativische Ausdrücke

sowie intellektuelle Argumente zu gebrauchen«. Als eines der ersten Mitglieder der Royal Society hatte er sich entschieden gegen vage Generalisierungen ausgesprochen und dazu eine eloquente Erklärung abgegeben, bei der den rein quantitativ ausgerichteten Ökonomen unserer Zeit vermutlich warm ums Herz würde. Petty schlug vor, in den Debatten der Royal Society »sollte nur das zur Sprache kommen, was sich in Zahlen, Gewichten oder Maßen ausdrücken lässt.«[2] Der Bedauernswerte, der es weiterhin mit »intellektuellen Argumenten« hält, könnte versucht sein, darauf zu erwidern, dass Pettys Vorschlag ein geringes Gewicht hatte, nur ein ganz kleines Maß erforderte und sich in einer winzigen Zahl ausdrücken ließ.

Doch Petty maß bei seinen Studien über das Nationaleinkommen und den Lebensstandard der Messungsproblematik völlig zu Recht große Bedeutung bei. Bei ihm verband sich eine klare Darstellung der Beweggründe für die Messung bestimmter Größen (die sich auf die Lebensbedingungen und das Glück der Menschen bezogen) mit einer Entscheidung für das gut Fassbare. Diese Konzentration auf die Quantifizierung wurde von seinen Nachfolgern konsequent beibehalten, darunter unter anderen von Gregory King, François Quesmay, Antoine Lavoisier und Joseph Louis Lagrange. Lavoisier bestand auf seine Art ebenso kompromisslos wie Petty auf der Quantifizierung. Die politische Ökonomie litt seiner Auffassung nach unter dem Mangel an Quantifizierung: »Diese Wissenschaft begann, wie viele andere auch, mit metaphysischen Debatten: Ihre Theorie ist vorangeschritten, aber ihre Praxis ist noch immer wenig entwickelt, und dem Staatsmann mangelt es zu allen Zeiten an den Tatsachen, auf die er seine Spekulationen gründen kann.«[3] Er glaubte auch zuversichtlich, dass die Analyse des Nationaleinkommens und quantitative Studien über den Lebensstandard allen Disputen in der politischen Ökonomie ein Ende setzen und diese überflüssig machen würden: »Eine derartige Arbeit würde auf einigen wenigen Seiten die gesamte Wissenschaft der politischen Ökonomie enthalten; sie würde die Notwendigkeit dieser Wissenschaft aufheben, weil die Ergebnisse so klar und so offensichtlich wären, die verschiedenen Fragen, die aufgeworfen werden könnten, so leicht gelöst würden, dass es keine Meinungsverschiedenheiten mehr gäbe.«[4]

Lagrange, ebenfalls ein überzeugter Verfechter der Quantifizierung, führte eine Neuerung ein, deren Bedeutung nur voll erfasst werden kann, wenn man die neuesten Entwicklungen in der Konsumtionsanalyse betrachtet, die auf Gorman (1956) und Lancaster (1966) zurückgehen und das Schwergewicht auf die »Merkmale« von Gütern legen. Lagrange wandelte Güter, die in der Konsumtion eine vergleichbare Rolle spielten, in Merkmalsäquivalente um. Insbesondere wandelte er pflanzliche Nahrungsmittel in Bezug auf ihren Nährwert in Weizeneinheiten, alle Fleischsorten in Rindfleischäquivalente und als guter Franzose alle Getränke in Weineinheiten um.

Was nicht weniger wichtig ist: Lagrange berücksichtigte die unterschiedlichen Ernährungsbedürfnisse unterschiedlicher Verbrauchergruppen und brachte diese Bedürfnisse in Zusammenhang mit Beruf, Wohnort und dergleichen; für unterschiedliche Gruppen machte er einen unterschiedlichen Gemüse- und Fleischbedarf aus.[5] Im Hinblick auf meine letzte Vorlesung ist besonders interessant, dass Lagrange nicht nur die verschiedenen Güter auf Merkmale reduzierte, sondern auch – wenngleich in ziemlich grober Form – den Wert der Güter danach einschätzte, was sie für die Lebensgestaltung der Menschen bedeuteten, die sie konsumierten. Während Adam Smith als Erster auf das variierende Verhältnis von Wohlstand und dem Erreichen bestimmter *sozialer* Leistungsmöglichkeiten hingewiesen hat (wie in der ersten Vorlesung dargestellt), spielte der Mathematiker Lagrange, ein Zeitgenosse von Adam Smith, eine ähnliche Pionierrolle, indem er die Variabilität *physischer* Leistungsmöglichkeiten im Verhältnis zur Nahrungsaufnahme und deren Abhängigkeit von Tätigkeit, Wohnort und dergleichen aufzeigte.

Wenn der Aspekt von tatsächlichen Möglichkeiten und Fähigkeiten in der Literatur über Realeinkommen und Lebensstandard bislang vernachlässigt wurde, so liegt das nicht daran, dass früher nicht in diese Richtung gedacht worden wäre.[6] Lagrange ging generell davon aus, dass Nahrungsmittelstatistiken ein besseres Bild von Wohlstand und Armut eines Landes vermitteln als der umfassendere Maßstab Nationaleinkommen, und er bemühte sich darum, ein möglichst genaues und vollständiges Bild von der Nahrungsmittelkonsumtion zu bekommen, zu der auch Obst und Gartengemüse gehörten, welche von Lavoisier und anderen nicht berücksichtigt worden waren. Die Beweggründe für die Schätzung des Realeinkommens wurden somit von Lagrange in einer Weise verstärkt und verfeinert, die für die Untersuchung der Lebensbedingungen der Armen besonders bedeutsam ist.

Die statistische Erfassung des Nationaleinkommens ist seit den Tagen von Petty, King, Lavoisier und Lagrange beträchtlich weiterentwickelt worden, und viele komplexe Fragen sind einfallsreich und gekonnt gelöst worden.[7] Der Berechnung des Nationaleinkommens kommen in der ökonomischen Analyse verschiedene Bedeutungen zu, die über seine Relevanz für den Lebensstandard hinausgehen; es ist wichtig für makroökonomische Untersuchungen von Produktion und Beschäftigung, für Untersuchungen über Sparen, Investitionen und Wachstum sowie für die Ermittlung von Produktivität, Effizienz usw. Es ist folglich nicht überraschend, dass es oftmals nur einen relativ entfernten Zusammenhang mit der Bewertung des Lebensstandards gibt.

Ganz offensichtlich sind zur Klärung des Begriffs Lebensstandard außer dem Nationaleinkommen noch andere Statistiken heranzuziehen[8], und dies aus zwei Gründen. Erstens ist der Lebensstandard, wie in der ersten Vorlesung dargestellt, nicht nur eine Frage des Wohlstands, auch wenn es hier einen kausalen Zusammenhang gibt. Zweitens ist die Charakterisierung von Wohlstand, die aufgrund von kausalen und anderen Zusammenhängen für die Analyse des Lebensstandards am besten geeignet wäre, nicht für die anderen Zwecke am besten geeignet, denen die Berechnung des Nationaleinkommens ebenfalls zu dienen hat. Für die Untersuchung des Lebensstandards bedarf es speziellerer Daten.

Bedürfnisse, Indikatoren und Grundsatzfragen

Die Ermittlung solcher spezieller Daten wurde in den letzten Jahren durch das Aufkommen des »Grundbedürfnisse-Ansatzes« sowie durch Arbeiten über »soziale Indikatoren« gefördert.[9] Diese Entwicklungen haben die Bedeutung derjenigen Merkmale der Wirtschaft hervorgehoben, die eng mit der Befriedigung der »Grundbedürfnisse« der Menschen zusammenhängen, und das Augenmerk auch auf soziale Errungenschaften gerichtet, die über das Wachstum des Bruttosozialprodukts hinausgehen. Diese Entwicklungen können bis zu einem gewissen Grad als eine Rückkehr zu den ursprünglichen Beweggründen betrachtet werden, die die Pioniere veranlassten, Maße für die Ermittlung des Nationaleinkommens zu entwickeln, denn, wie wir gesehen haben, war es auch ihr Anliegen, die Grundlagen guter Lebensbedingungen zu erforschen.

Aus der Perspektive von tatsächlichen Möglichkeiten und Fähigkeiten gehen diese Entwicklungen in die richtige Richtung. Selbstredend werden »Grundbedürfnisse« normalerweise mit *Güterbesitz* (und nicht mit der Realisierung tatsächlicher Möglichkeiten) in Zusammenhang gebracht, und soziale Indikatoren umfassen viele Indizes, die wenig mit den tatsächlichen Möglichkeiten und Fähigkeiten der Menschen zu tun haben. Doch die Bedeutung dieser Ansätze lag darin, dass sie auf unmittelbare und überzeugende Weise die Aufmerksamkeit auf die wichtige Frage gelenkt haben, zu welcher Lebensgestaltung die Menschen fähig sind.

Die Betonung der Grundbedürfnisse lässt sich aus vielerlei Gründen rechtfertigen, aber der »Grundbedürfnisse-Ansatz« geht dem grundsätzlichen Aspekt des Problems nicht weiter nach. Die in Pigous Liste eines »nationalen realen Mindesteinkommens« (Pigou 1952: Teil IV, 758–67) angeführten Punkte (darunter ein Mindeststandard an Wohnung, Nahrung, medizinischer Versorgung, Erziehung usw.) stellen Spezifizierungen von Grundbedürfnissen dar, die lange vor dem Aufkommen des Grundbedürfnisse-Ansatzes entwickelt wurden. Jede praktische Analyse des Lebensstandards muss diese Punkte berücksichtigen, aus welchem Grund man sich auch letztlich mit dieser Frage befasst. Bei Pigou ging es letztlich um den Nutzen, wenngleich er – wie in der ersten Vorlesung erwähnt – seine Analyse leider nicht weitergeführt hat.

Die strategische Bedeutung von Grundbedürfnissen ist unumstritten. Offen und strittig dagegen ist, *worauf* diese Bedeutung *letztlich basiert*. Sind Grundbedürfnisse wichtig, *weil und nur weil* ihre Befriedigung zum Nutzen beiträgt? Falls nicht, warum sind sie dann wichtig? Eng damit ist die Frage verbunden, welche *Form* den Grundbedürfnissen zugeschrieben werden sollte. Besteht die angemessenste Form in den *Gütern*, deren Besitz von den Menschen zu Recht erwartet werden kann (und auf die die Literatur über Grundbedürfnisse abhebt)? Dies würde gut zu einem erweiterten Wohlstandsbegriff und zu einer Begründung passen, die dem allgemeinen Wohlstand einen großen Wert beimisst. Doch ist diese Begründung ohne weiteres zu akzeptieren? Warum sollten wir – nicht nur strategisch, sondern grundsätzlich – das Schwergewicht auf Wohlstand und nicht auf das legen, was Menschen zu tun oder zu sein in der Lage sind? Und wenn akzeptiert wird, dass es eigentlich um das Leben geht, das Menschen führen oder führen können, dann sollten »Grundbedürfnisse« im Hinblick auf die tatsächlichen Möglichkeiten und Fähigkeiten formuliert werden. Werden sie aus irgendeinem Grund als Güterbedarf definiert, dann kann der abgeleitete und kontingente Charakter dieser Definition klar herausgestellt werden. Wenn die tatsächlichen Möglichkeiten und Fähigkeiten Werte darstellen, dann sind die sogenannten »Grundbedürfnisse« in Form von Güterbedarf *instrumentell* (und nicht intrinsisch) wichtig. Die Hauptfrage ist, welche Qualität das Leben hat, das jemand führt. Die für das Erreichen bestimmter Lebensbedingungen notwendigen Güter können, wie in der ersten Vorlesung dargestellt, je nach den unterschiedlichen physiologischen, sozialen, kulturellen und anderen kontingenten Umständen sehr unterschiedlich sein.[10] Der Wert des Lebensstandards liegt in einer bestimmten Art zu leben und nicht im Besitz von Gütern, die eine abgeleitete und variierende Relevanz haben.

Diese Unterscheidungen haben keineswegs den Zweck, den »Grundbedürfnisse-Ansatz« herabzusetzen; er hat eine positive Rolle gespielt, indem er die Überbetonung von Bruttosozialprodukt und Wirtschaftswachstum in Frage gestellt hat. Doch es wäre ein Fehler, ihn als einen sehr fundierten Ansatz zu betrachten. Er bedarf der Unterstützung, und diese kann aus verschiedenen Richtungen kommen: Es kann der Nutzen sein (wie von Pigou vertreten), es können aber auch tatsächliche Möglichkeiten und Fähigkeiten sein (wie hier vertreten). Die gängige Definition der Grundbedürfnisse als Güterbedarf stellt insofern eine Spezifizierung dar, als sie den erforderlichen Wohlstand angibt, und Wohlstand ist genau wie die sogenannten »Grundbedürfnisse« ein *Zwischenstadium* der Analyse. Solange wir dies begreifen (und die Notwendigkeit der parametrischen Variabilität güterbezogener »Grundbedürfnisse« anerkennen), können wir die Nützlichkeit des Grundbedürfnisse-Ansatzes würdigen, ohne die tiefer liegenden Fragen aus dem Blick zu verlieren.

Amartya Sen

Lebensstandard und Wohlergehen

Bisher bin ich noch nicht explizit auf den Unterschied zwischen Wohlergehen und Lebensstandard eingegangen, und genau diese Frage sollte jetzt behandelt werden. Wohlergehen ist der weiter gefasste und komplexere Aspekte beinhaltende Begriff. Pigou versuchte, zwischen »wirtschaftlicher Wohlfahrt« und »gesamter Wohlfahrt« zu unterscheiden, wobei er die erstere als »den Teil der sozialen Wohlfahrt [definierte], der sich direkt oder indirekt in Geld messen lässt« (1952: 11). Seine Unterscheidung ist ambivalent und wenig hilfreich und erfüllt wahrscheinlich nicht den Zweck, für den sie gedacht war. Einige der offenkundig »nichtwirtschaftlichen« Aspekte des Wohlergehens können in gewissem Sinne »direkt oder indirekt in Geld gemessen werden«, beispielsweise eine so »geschmacklose« Frage wie: Wie viel Geld würden Sie ausgeben, um von Ihrer Enkeltochter geliebt zu werden? Diese Ausgaben werden vielleicht nie getätigt, aber dies gilt auch für einige offenkundig »wirtschaftliche« Ausgaben (etwa: wie viel Geld würden Sie ausgeben, um die Luftverschmutzung in den Städten zu beseitigen, die die Kosten für die Sauberhaltung Ihres Hauses erhöhen?). Die Interpretation des Informationsgehalts der Antworten auf diese Fragen ist sehr problematisch. Es gibt auch Zahlungen, die nichts zum eigenen Wohlergehen beitragen und somit nicht in die Rubrik »wirtschaftliche Wohlfahrt« fallen, beispielsweise Spenden für OXFAM zur Linderung des Hungers, die einem selbst keinen direkten oder indirekten Vorteil bringen. Es ist zwar leicht nachzuvollziehen, aus welchen Gründen Pigou zwischen »wirtschaftlicher Wohlfahrt« und »gesamter Wohlfahrt« unterschied, aber diese Unterscheidung ist verwirrend und nur von begrenztem Nutzen.

Eine Möglichkeit, Pigous Unterscheidung mit seinen offensichtlichen Beweggründen in Übereinstimmung zu bringen, besteht darin, »materielle« Möglichkeiten und Fähigkeiten (z.B. wohlgenährt zu sein) von anderen (z.B. klug und zufrieden zu sein) zu unterscheiden. Ich habe an anderer Stelle gesagt (Sen 1984b), dass dies eine gute Vorgehensweise sein könnte, doch heute bin ich mir nicht mehr sicher. Psychisch gut angepasst zu sein, ist zwar keine »materielle« Möglichkeit, doch man kann kaum behaupten, dass dieser Zustand keine intrinsische Bedeutung für den Lebensstandard besäße. Alles Erreichte, das in dem Leben wurzelt, das man selbst führt (oder führen kann), kann stärker, als wenn es sich aus anderen Quellen speiste, den Anspruch erheben, direkt für den Lebensstandard relevant zu sein. Diese Trennungslinie ist vielleicht nicht scharf genug, aber die vorgeschlagenen Alternativen scheinen eindeutig zu eng. Der »ökonomische Test«, ob eine Deprivation durch mehr Wohlstand beseitigt werden kann, ist zwar verlockend, aber man kann kaum behaupten, dass der Lebensstandard eines Menschen, der an einer unheilbaren, auch nicht durch Wohlstand zu lindernden, Krankheit stirbt, dadurch nicht direkt beeinträchtigt würde. Der Lebensstandard mag zwar häufig durch ökonomische Faktoren beeinflussbar sein, aber dieser Umstand sollte nicht als Basis einer tragfähigen *Definition* des Lebensstandards, sondern als eine wichtige *empirische* Feststellung über das Verhältnis von ökonomischen Faktoren und Lebensstandard betrachtet werden.

Wird die hier vorgeschlagene Unterscheidung akzeptiert, muss der Unterschied zwischen dem Wohlergehen eines Menschen und seinem Lebensstandard aus möglichen Einflüssen auf das persönliche Wohlergehen resultieren, die sich aus anderen Quellen als der Qualität des eigenen Lebens speisen. Beispielsweise vermindert das Mitgefühl mit dem Leid anderer *ceteris paribus* das eigene Wohlergehen, ohne dadurch den Lebensstandard zu senken. Dieser Unterschied spielt schon seit langem eine Rolle in praktischen Diskussionen. Im dritten Jahrhundert v. Chr. wies etwa Kaiser Aschoka in einer seiner »Felseninschriften« genau auf diesen Unterschied hin: »Und wenn Unglück über die Freunde, Bekannten, Gefährten und Verwandten von Menschen kommt, die voller Zuneigung [zu den ersteren] sind, fügt [dieses

Unglück] auch ihnen Leid zu, selbst wenn sie selbst mit Gütern gesegnet sind« (Felseninschrift XIII in Erragudi, Erklärung VII; siehe Sircar 1979:34). Das eigene Wohlergehen kann durch verschiedene Einflüsse beeinflusst werden; es ist die Bewertung des Lebens, das ein Mensch führt, die die Bewertung des Lebensstandards ermöglicht.

Es ist vielleicht nützlich, diesen Unterschied im Kontext eines weiteren Unterschieds zu betrachten, nämlich des Unterschieds zwischen dem Erreichen der Ziele eines Menschen (welche er sich als handelndes Subjekt auch gesetzt haben mag) und seinem persönlichen Wohlergehen (ausgeführt in meinen Dewey Lectures [Sen 1985b]. Hier lassen sich drei Dinge unterscheiden: 1. Das Erreichen selbst gewählter Ziele, 2. das persönliche Wohlergehen und 3. der Lebensstandard.[11] Die Unterscheidung zwischen dem Erreichen von Zielen und dem persönlichen Wohlergehen resultiert aus der Tatsache, dass ein Mensch sehr wohl andere Ziele als das eigene Wohlergehen verfolgen kann. Wenn ein Mensch etwa erfolgreich für eine Sache kämpft und dafür große persönliche Opfer bringt (vielleicht sogar sein Leben opfert), dann mag dies das Erreichen eines großen Ziels sein, aber es hat nicht die entsprechenden Auswirkungen auf das eigene Wohlergehen. Bei der zweiten Unterscheidung, nämlich der zwischen Wohlergehen und Lebensstandard, beschränken wir uns auf das, was für das persönliche Wohlergehen erreicht wurde, doch während es beim Wohlergehen *tout court* keiner weiteren Spezifizierung in Bezug auf die Frage bedarf, ob das Erreichte mit dem Leben zusammenhängt, das ein Mensch führt, schließt der Begriff Lebensstandard genau diese Spezifizierung ein.

In einem früheren Beitrag (Sen 1977a) wurde im Rahmen der Analyse von Handlungsmotiven zwischen »Mitgefühl« und »Verpflichtung« unterschieden. Hilft man einem anderen Menschen, kann die Minderung von dessen Leid im Endeffekt dazu führen, dass man sich selbst besser fühlt – und dass es einem tatsächlich auch besser *geht*. Dies ist ein Beispiel für ein Handeln, das aus Gründen des »Mitgefühls« erfolgen kann (gleichviel, ob es tatsächlich aus diesem Grund erfolgt oder nicht), und dies fällt *in* den Bereich der Förderung des eigenen Wohlergehens.[12] Ein Beispiel für »Verpflichtung« liegt dagegen vor, wenn ein Mensch beschließt, etwas zu tun (etwa anderen zu helfen), obwohl ihm dies unter dem Strich nicht selbst zugute kommt. Dies läge außerhalb des Bereichs der Förderung des eigenen Wohlergehens (da die Handlung mit *anderen* Zielen verbunden ist). Auch auf die Gefahr der übermäßigen Vereinfachung hin lässt sich Folgendes feststellen: Der Schritt vom Erreichen selbst gewählter Ziele zum persönlichen Wohlergehen wird durch eine Engführung vollzogen, die »Verpflichtungen« außer Acht lässt; der Schritt vom persönlichen Wohlergehen zum Lebensstandard wird durch eine weitere Engführung vollzogen, die »Mitgefühl und Sympathie« (natürlich auch »Antipathie«) sowie andere Einflüsse auf das eigene Wohlergehen außer Acht lässt. Nachdem der Blickwinkel in dieser Weise verengt wurde, kann man sagen, dass das mit dem eigenen Leben verbundene persönliche Wohlergehen den Lebensstandard widerspiegelt.

Natürlich lassen sich die Trennungslinien auch in anderer Weise ziehen, aber das hier umrissene Konzept scheint sowohl für sich genommen interessant zu sein *als auch* die Motivationen gut zu erfassen, die früheren Beschäftigungen mit dem Begriff Lebensstandard zugrunde lagen. Die Neugier und das Interesse, die Petty, Lavoisier, Lagrange und andere bewogen, Realeinkommen und Lebensstandard zu untersuchen, waren darauf gerichtet, das Leben der Menschen zu bewerten. Die hier vertretene Auffassung von Lebensstandard fügt sich gut in diese Motivation ein.

Amartya Sen

Bewertung und tatsächliche Möglichkeiten

Bei der Einschätzung des Lebensstandards eines Menschen können die Dinge, denen dieser Mensch einen Wert beimisst, als
Aspekte des Lebens betrachtet werden, das dieser Mensch zu
führen in der Lage ist. Das »Tun« und »Sein«, das einem Menschen gelingt, ist somit für die Einschätzung des Lebensstandards dieses Menschen potentiell relevant. Dies ergibt natürlich
eine riesige – möglicherweise endlose – Liste, da die Aktivitäten
und Zustände eines Menschen sehr unterschiedlich gesehen (und
ständig weiter unterteilt) werden können. Stellt man also fest,
dass einem bestimmten »Tun« und »Sein« ein Wert beigemessen
wird, nimmt man – wie in der ersten Vorlesung kurz dargestellt –
eine Bewertung vor. Die Liste der tatsächlichen Möglichkeiten
bringt zum Ausdruck, was für wertvoll und was als nicht intrinsisch wertvoll erachtet wird (wenngleich es für das Erreichen anderer für wertvoll gehaltener Dinge möglicherweise nützlich ist).

Die Einschätzung des Lebensstandards müsste selbstverständlich über diese erste Feststellung hinausgehen. Es mag sogar so
aussehen, als könnten Vergleiche der *gesamten* Lebensbedingungen nicht ohne spezifischere Bewertungen vorgenommen werden. Dies ist allerdings nicht zutreffend, da die erste Feststellung
eine partielle Dominanz-Rangordnung schafft (indem sie eine
Verbesserung in einem Bereich feststellt, wenn diese nicht mit
einer Verschlechterung in einem anderen Bereich einher geht).
Die Relevanz des Dominanz-Kriteriums wurde in der ersten
Vorlesung allgemein erörtert, und hier mag der Hinweis ge-
nügen, dass uns die erste Feststellung auch ohne weitergehende
Spezifizierungen durchaus ein partielles Maß für den gesamten
Lebensstandard an die Hand gibt. Diese partielle Rangordnung
wird zwar für viele Vergleiche nicht geeignet sein – wann immer
es einen Gewinn in der einen und einen Verlust in der anderen
Hinsicht gibt –, doch das Maß kann gleichwohl von erheblichem
praktischem Nutzen sein. Bei Vergleichen über Klassengrenzen

hinweg, bei der Gegenüberstellung der Lebensbedingungen der Reichen und der Lebensbedingungen der sehr Armen oder bei der Bewertung des sozialen Wandels unter dem Aspekt, ob er an allen Fronten von Fortschritt (oder Rückschritt) begleitet ist, kann die partielle Dominanz-Rangordnung zu vielen eindeutigen Urteilen in Bezug auf die Einschätzung des gesamten Lebensstandards führen. Wir haben keinen Grund, die Erkenntnisse zu verschmähen, die wir auf diese Weise gewinnen, auch wenn die differenzierteren Aspekte der relativen Gewichtung noch nicht geklärt sind.

Es gibt jedoch gute Gründe für den Wunsch, über diese erste Minimalfeststellung hinauszugehen. Die Feststellung, dass bestimmten Dingen ein Wert beigemessen wird, besagt, dass diese Dinge ein *positives* Gewicht haben, ohne dass angegeben wird, worin dieses Gewicht genau besteht. Eine vernünftige weiterführende Vorgehensweise könnte darin bestehen, die Gewichte auf bestimmte – möglicherweise recht große – Bandbreiten zu beschränken, anstatt das überaus ehrgeizige Projekt in Angriff zu nehmen, eine genaue Liste von numerischen Gewichten zu erstellen. Je enger die Bandbreiten der Gewichte gefasst werden, desto mehr erweitern sich die partiellen Rangordnungen. Ich habe an anderer Stelle die mathematischen Eigenschaften variabler Gewichte und partieller Rangordnungen dargestellt und werde hier nicht weiter auf diese Frage eingehen (Sen 1970).[13] Doch sollte betont werden, dass es nicht darum geht, die Gewichte entweder gar nicht oder vollständig zu spezifizieren; es gibt verschiedene Zwischenlösungen von großer Plausibilität.

Aber wie eng die Spezifizierung der Gewichte auch sein mag, die *Quelle* der Gewichtung kann ebenfalls unterschiedlicher Natur sein. Ist die relevante Bewertungsfunktion die des *Menschen*, dessen Lebensstandard gemessen wird, oder ist sie eine allgemeine Bewertungsfunktion, die die geltenden (das heißt, in der Gesellschaft weithin anerkannten) »Standards« widerspiegelt? Zunächst sei darauf hingewiesen, dass diese beiden Ansätze, die als »Selbstbewertung« und als »Standardbewertung« bezeichnet werden können, ihre je eigene Relevanz haben. Die Selbstbewertung sagt uns, wie ein Mensch seinen Lebensstandard im Vergleich zu anderen (gemäß seinem eigenen Wertesystem) beurteilt, wohingegen die Standardbewertung die Lebensbedingungen dieses Menschen in eine allgemeine Rangordnung sozialer Standards einordnet (wie sie in den in der Gesellschaft weithin anerkannten Werten zum Ausdruck kommt). Ich halte es nicht für sinnvoll, unabhängig vom Kontext der jeweiligen Untersuchung zu fragen, welcher der beiden Ansätze der bessere ist. Welcher überlegen ist, hängt davon ab, was wir warum miteinander vergleichen wollen.

Die Standardbewertung ist nützlich, wenn es beispielsweise darum geht, den Umfang der Armut in einer Gemeinschaft unter Zugrundelegung der »geltenden Standards« zu ermitteln. Ich habe an anderer Stelle versucht, die Relevanz dieser Art von Vergleich darzustellen (Sen 1981: Kapitel 2 und 3, insb. 17–19). Eine interessante und wichtige empirische Untersuchung der Armut anhand der geltenden Standards findet sich in dem kürzlich veröffentlichten Buch von Joanna Mack und Stewart Lansley (1985).[14] In dieser Arbeit wurden die Standards in Bezug auf Armut mit Hilfe umfangreicher Fragebögen ermittelt, und die Antworten in Bezug auf den Bedarf an bestimmten Gütern und die damit verbundene Lebensgestaltung fielen erstaunlich einheitlich aus.

Die Ermittlung von Armut richtet das Hauptaugenmerk auf die *Mindest*-Lebensbedingungen, doch mit demselben Ansatz lassen sich natürlich auch die gesamten Lebensbedingungen verschiedener Menschen und Gruppen *klassifizieren*. Das wesentliche Merkmal dieses allgemeinen Ansatzes besteht darin, dass er sich auf eine gewisse (falls vorhandene) Einheitlichkeit der Urteile über die jeweilige Bedeutung verschiedener für wertvoll erachteter Dinge stützt. Der Standardbewertungs-Ansatz lässt sich auf vielerlei Weise zur Untersuchung von Lebensstandards verwenden.

Der Selbstbewertungs-Ansatz befasst sich damit, wie ein Mensch seinen *eigenen* Lebensstandard *im Vergleich zu* dem anderer Menschen einschätzt.[15] Ein Mensch kann selbstverständlich seinen eigenen Lebensstandard höher bewerten als den seines Nachbarn, obwohl sein Lebensstandard nach den »geltenden Standards« als niedriger eingestuft würde. Dies ist keineswegs ein Paradoxon, da es auf zwei unterschiedliche Fragen ohne weiteres zwei unterschiedliche Antworten geben kann. Sind die geltenden Standards weithin anerkannt (oder waren sie nach eingehender Überlegung weithin anerkannt), würden die beiden Antworten-Komplexe nicht voneinander abweichen, und der Selbstbewertungs-Ansatz würde die gleichen Ergebnisse hervorbringen wie der Standardbewertungs-Ansatz.

Bewertungsaspekte

Die Bewertung von Dingen bei der Messung des Lebensstandards wirft viele komplizierte Fragen auf. Vielen dieser Fragen kann ich hier nicht detailliert nachgehen, aber ich werde mir erlauben, einige kurze Bemerkungen zu einigen Aspekten dieses Problems zu machen.

Erstens: Die Verwendung von allgemein anerkannten sozialen Standards hat eine subjektive und eine objektive Seite. Dieser Ansatz mag sehr subjektiv in dem Sinne erscheinen, dass die Urteile auf den in einer Gemeinschaft vorherrschenden Ansichten basieren. Doch bei einer tiefer gehenden Analyse des Problems müsste die Frage untersucht werden, *warum* diese Ansichten vorherrschen und diese Werte geschätzt werden. Außerdem stellen diese Ansichten für den Sozialwissenschaftler, der die geltenden Standards untersucht, in erster Linie recht unmittelbare Fakten dar, die es nicht erforderlich machen, die eigenen subjektiven Auffassungen in die Bewertungsproblematik hineinzutragen.

Das Verhältnis von subjektiven und objektiven Merkmalen ist viel zu kompliziert, als dass es möglich wäre, sie hier im Schnellverfahren voneinander zu trennen. Dennoch sollte betont werden, dass dieser Ansatz trotz der Abhängigkeit von vorherrschenden Ansichten auch wichtige objektive Merkmale hat, deren Nichtberücksichtigung den Erkenntniswert dieses Ansatzes verzerren würde. Ich habe diese Fragen an anderer Stelle erörtert und werde ihnen hier nicht weiter nachgehen (Sen 1981: Kapitel 2,3; Sen 1983b).[16]

Zweitens: Die Selbstbewertung darf nicht mit dem Nutzen verwechselt werden, den ein Mensch hat, wenn dieser Nutzen als Lustgewinn, Wunscherfüllung oder Entscheidungsfreiheit interpretiert wird, denn wie in der ersten Vorlesung dargelegt, ist die Selbstbewertung im Wesentlichen eine *Bewertung*, was für die verschiedenen Nutzeninterpretationen nicht zutrifft. Diese Unterscheidung ist besonders wichtig, da die Utilitaristen häufig behaupten, jede Abkehr von der nutzenorientierten Einschätzung müsse Paternalismus beinhalten: »Wie können Sie sich anmaßen, den Nutzen zu verwerfen, den ein Mensch von etwas hat?« Das Problem ist komplizierter, da die Bewertung, die jemand selbst vornimmt, Abweichungen von seiner eigenen Klassifizierung des Nutzens in Form von Glück, Wunscherfüllung oder Entscheidungsfreiheit beinhalten kann. Wenn sich die Frage des Paternalismus stellt, muss sie sich auf die Zurückweisung der Selbstbewertung (und nicht des Nutzens) beziehen.

Drittens: Die Ablehnung des Pareto-Prinzips, das auf der einhelligen Akzeptanz verschiedener Nutzenformen basiert, muss – aus demselben Grund – keineswegs irgendeinen Paternalismus beinhalten. Die Selbstbewertung des Wohlergehens oder des Lebensstandards eines Menschen kann durchaus in eine Richtung gehen, die ganz und gar nicht dem Pareto-Prinzip entspricht, denn die Aussagekraft jeder partiellen Dominanz-Rangordnung leitet sich von der Relevanz der Dinge her, auf denen die partielle Rangordnung beruht. Wird die Relevanz individuellen Nutzens in Frage gestellt, verliert das Pareto-Prinzip dementsprechend an Bedeutung für das soziale Handeln (siehe Sen 1970, 1979b, 1983c).

Viertens: Bei der Einschätzung des Lebensstandards gibt es viele Abstufungen zwischen den beiden Polen einer *vollständigen* Rangordnung aller Alternativen und der partiellen Dominanz-Rangordnung der positiv bewerteten Möglichkeiten und Fähigkeiten, die sehr unvollständig sein kann. Wie bereits erwähnt, müssen die relativen Gewichte nicht präzise angegeben, sondern können in großen Bandbreiten bestimmt werden; so entstehen partielle Rangordnungen, die umfassender sind als die partielle Dominanz-Rangordnung, aber keineswegs eine vollständige Rangordnung darstellen. Es muss uns gar nicht beunruhigen, wenn wir nicht alle Lebensstile unter dem Aspekt des Lebensstandards miteinander vergleichen können. Die Unklarheiten und Probleme bei der Bewertung (ja, schon bei der Feststellung der »geltenden Standards«) können es erforderlich machen, gewisse Vergleiche ganz zu unterlassen, während wir uns zu anderen sehr deutlich äußern können. Es ist kein großes Manko, wenn man nicht zu allem und jedem etwas zu sagen hat.

Fünftens: Die Gesamtklassifizierung des Lebensstandards ist nur eine Art und Weise der Einschätzung. Manchmal kann die Bewertung einzelner Komponenten des Lebensstandards nicht weniger interessant sein. Wenn sich herausstellt, dass es eine Verbesserung der Ernährungssituation, aber eine Verschlechterung der Wohnsituation gegeben hat, kann dies eine hinreichend interessante Bewertung sein, auch wenn wir nicht entscheiden können, ob es »insgesamt« eine Verbesserung oder eine Verschlechterung bedeutet. Die Vorliebe für Gesamtgrößen ist in vielen Kontexten sinnvoll, kann in anderen jedoch nutzlos oder sinnlos sein. Wie bereits dargelegt, sollte der Lebensstandard hauptsächlich unter dem Aspekt von tatsächlichen Möglichkeiten und Fähigkeiten gesehen werden, während die Gesamtklassifizierung an zweiter Stelle rangiert. Die Gesamtklassifizierung hat durchaus ihren Nutzen, kann aber kein Monopol beanspruchen. Wenn von Vielfalt die Rede ist, müssen wir nicht immer gleich nach einer Gesamtgröße suchen.

Tatsächliche Möglichkeiten versus Einkommen

Der letzte Punkt hat unmittelbare praktische Relevanz. Bei empirischen Vergleichen des Lebensstandards ist die Versuchung groß, solche güterbezogenen Gesamtmaße wie das Bruttosozialprodukt oder das Bruttoinlandsprodukt zu verwenden, was teilweise daran liegt, dass diese Maße so schön aggregiert und vollständig erscheinen. Beim Bruttosozialprodukt zählt anscheinend alles. Die Frage ist nur: alles in welchem Bereich? Güter, selbstredend; tatsächliche Möglichkeiten und Lebensbedingungen unter Umständen gar nicht.

Die verschiedenen Güterkategorien scheinen durch ihren Preis im Bruttosozialprodukt gut erfasst zu sein, und dies spricht viele von uns mehr an als die Beschäftigung mit verschiedenen Möglichkeiten der Lebensgestaltung, die nicht auf eine einfache und unmittelbar anwendbare Methode der Aggregierung zurückgreifen kann. Aber kann dies sinnvoll sein, wenn unser eigentliches Anliegen in der Untersuchung der tatsächlichen Möglichkeiten und Lebensbedingungen von Menschen besteht? Warum müssen wir es ablehnen, eine vage Vorstellung vom Richtigen zu entwickeln, und stattdessen eine präzise Vorstellung vom Falschen anstreben? Bei ökonomischen Messungen und Bewertungen gibt es tatsächlich einen großen Konflikt zwischen Relevanz und Einfachheit der Anwendung, aber es ist schwer einzusehen, warum die Einfachheit der Anwendung eine solche Priorität gegenüber der Relevanz haben sollte.

In der Praxis ist es ohne große Schwierigkeiten möglich, den Lebensstandard auf verschiedene Weisen zu charakterisieren und dabei verschiedene Komponenten separat zu betrachten. Denken wir beispielsweise an den viel diskutierten Vergleich zwischen China und Indien unter dem Aspekt der Erhöhung des Lebensstandards. Die chinesische Wirtschaft hatte laut dem *World Development Report 1984* der Weltbank zwischen 1960 und 1982 eine jährliche Wachstumsrate des Bruttosozialprodukts pro Kopf von 5%, während die entsprechende indische Rate nur 1,3% betrug. Dieser Vergleich entspricht wohl auch dem Eindruck, den Menschen haben, die die beiden Länder besuchen. So scheint alles in Ordnung und das Bruttosozialprodukt ein vernünftiger Indikator zu sein.

Doch der Vergleich des Wachstums des Bruttosozialprodukts hält einer genaueren Prüfung nicht stand. Demselben *World Development Report* zufolge war Chinas Bruttosozialprodukt pro Kopf 1982 um 19% höher als das Indiens, und nimmt man eine rückwärts gerichtete Extrapolation der jeweiligen Wachstumsraten des Bruttosozialprodukts vor, gelangt man zu der erstaunlichen Schlussfolgerung, dass Indiens Bruttosozialprodukt pro Kopf 1960 um 54% hätte höher sein müssen als das Chinas, sollen die Angaben über die Bruttosozialprodukte in sich schlüssig sein. Dies ist natürlich abwegig, da alle Berechnungen des Bruttosozialprodukts dieser Zeit besagen, dass seine Höhe in Indien und China vergleichbar war. Simon Kuznets' Schätzung zufolge war das chinesische »Pro-Kopf-Produkt« in dieser Zeit (genau gesagt, 1958) etwa 20% höher als das indische (Kuznets 1966: 360–61). Die scheinbare Genauigkeit der Berechnungen des Bruttosozialprodukts und des Bruttoinlandsprodukts hat somit nur Verwirrung gestiftet.

Glücklicherweise ist es keineswegs eine Katastrophe, wenn die Betrachtung des Lebensstandards unter dem Wohlstandsaspekt zugunsten einer Auffassung verworfen wird, die das Schwergewicht auf tatsächliche Möglichkeiten und Lebensbedingungen legt. China hat in wichtigen Bereichen eindeutig mehr erreicht als Indien. Was die Lebenserwartung betrifft, so beträgt laut einer Schätzung (Weltbank 1984: Tabelle 1) die der Chinesen 67, die der Inder gerade einmal 55 Jahre; anderen Schätzungen zufolge ist sie noch niedriger. Zwei Drittel aller Chinesen können lesen und schreiben, aber nur ein Drittel der Inder (Weltbank 1983: Tabelle 1). Es ist diese Art von Vergleich, die uns sagen kann, was in Bezug auf den Lebensstandard in China *im Vergleich zu* Indien erreicht wurde, und selbst unvollständige Informationen über wichtige Bereiche sagen uns mehr als die genauen Angaben über das gesamte Bruttosozialprodukt. Sofern es den Chinesen in mancher Hinsicht schlechter ging als den Indern – China war beispielsweise nicht fähig, die Hungersnot von 1959–61 zu verhindern (siehe Ashton u. a. 1984) und hat den Bürgern Zugang zu verschiedenen Nachrichten- und Informationsquellen verwehrt – lässt sich auch dies unter dem Aspekt einer bestimmten Grundqualität des Lebens vergleichen (1983d). Das Wichtigste ist, dass die tatsächlichen Lebensbedingungen und nicht das grobe Bild relativen Wohlstands, das das Bruttosozialprodukt in eine reale Zahl zu fassen versucht, Aufschluss über die Erfolge oder Misserfolge bei der Erhöhung des Lebensstandards geben.

Ein anderes praktisches Beispiel: Schaut man sich die Geschlechterungleichheit in einer armen Volkswirtschaft wie der indischen an, sind Zahlen über Familieneinkommen und sogar über den Konsum von Familien wenig hilfreich, wenngleich Angus Deaton, John Muellbauer und andere aus diesen Zahlen viel herausgeholt haben (Deaton und Muellbauer 1980, Deaton 1981). Zum einen wissen wir nicht, welches Familienmitglied wie viel (Nahrungsmittel beispielsweise) verbraucht, zum anderen interessieren uns nicht in erster Linie der Güterkonsum, sondern die tatsächlichen Möglichkeiten der Menschen. Daher liegt es nahe, Sterblichkeitsrate, Krankheitsrate, Unterernährung usw. zu vergleichen, wenn wir die Geschlechterungleichheit auf dieser elementaren Ebene beurteilen wollen.

Diese Daten sind nicht nur sehr aufschlussreich, sondern

auch leichter zu gewinnen. Das Bild, das sich für Indien ergibt, ist ausgesprochen beunruhigend: eine höhere Sterblichkeit bei Frauen in den meisten Altersgruppen (außer bei Neugeborenen und in Altersgruppen über 35); ein abnehmender *Anteil* von Frauen an der Gesamtbevölkerung; mehr Erkrankungen von Frauen; eine systematisch geringere Inanspruchnahme von medizinischen Diensten durch Frauen im Vergleich zu Männern und durch Mädchen im Vergleich zu Jungen; Anzeichen von größerer Unterernährung bei Mädchen in ländlichen Gebieten im Vergleich zu Jungen, die im selben Dorf und manchmal sogar in derselben Familie leben (siehe beispielsweise Kynch und Sen 1983; Sen 1984a: Kapitel 15, 16; Sen und Sengupta 1983; Gopalan 1984).

Wenn die geschlechtsspezifische Benachteiligung in Bezug auf den Lebensstandard Gegenstand unserer Untersuchung ist, scheint es sinnvoll, sich direkt die Lebensbedingungen der jeweiligen Gruppen anzuschauen und sich darüber ein Urteil zu bilden, auch wenn es schwierig ist, einen Gesamtindex der Geschlechterungleichheit zu bilden. Die konstitutive Pluralität des Lebensstandards lässt sich nicht nur durch eine formale Aggregierung erfassen, sondern auch durch die Bewertung der Dinge, die für wertvoll erachtet werden.

Fähigkeiten und tatsächliche Möglichkeiten

Eine schwierige Frage habe ich fast bis zum Ende dieser zweiten Vorlesung aufgehoben, und das ist die Frage, welche Rolle Fähigkeiten und tatsächliche Möglichkeiten bei der Messung des Lebensstandards spielen. Eine tatsächlicheMöglichkeit ist etwas, das wirklich erreicht wurde, wohingegen eine Fähigkeit das Vermögen ist, etwas zu erreichen. Tatsächliche Möglichkeiten sind direkter mit den Lebensbedingungen verbunden, denn sie stellen verschiedene Aspekte der Lebensbedingungen dar. Fähigkeiten sind dagegen im positiven Sinn mit Freiheit verbunden: Welche realen Chancen hat ein Mensch, das Leben zu führen, das er führen möchte.[17]

In Anbetracht des engen Zusammenhangs zwischen tatsächlichen Möglichkeiten und tatsächlicher Lebensgestaltung scheint es sinnvoll, bei der Bewertung des Lebensstandards das Schwergewicht mehr auf die tatsächlichen Möglichkeiten als auf die Fähigkeiten zu legen. Dies ist meiner Ansicht nach in hohem Maße, wenn auch nicht absolut richtig. Auch Fähigkeiten spielen eine direkte Rolle, da der Begriff Lebensstandard einen Aspekt hat, der nicht ganz unabhängig von Freiheit ist. Angenommen, ich kann zwischen verschiedenen Lebensstilen – A, B, C und D – wählen und ich wähle A. Weiter angenommen, die anderen Lebensstile – B, C und D – werden für mich unerreichbar, aber ich kann noch immer wählen. Man könnte sagen, dass sich an meinem Lebensstil nichts ändert, da ich ohnehin A gewählt habe. Aber es ist keineswegs abwegig anzunehmen, dass diese Verminderung der Freiheit für meinen Lebensstandard einen gewissen Verlust bedeutet.

Man könnte also sagen, dass sich der Wert des Lebensstandards aus der Fähigkeit ergibt, unterschiedliche Arten von Leben zu führen. Zwar kommt dabei dem tatsächlich gewählten Lebensstil eine besondere Bedeutung zu, aber das Vorhandensein anderer Optionen hat ebenfalls einen gewissen Wert. Eine andere, vielleicht aufschlussreichere Möglichkeit, diese Frage zu behandeln, ist die Forderung, die Charakterisierung der tatsächlichen Möglichkeiten dahingehend zu *verfeinern*, dass auch verfügbare Alternativen berücksichtigt werden. A zu wählen, wenn B ebenfalls zur Verfügung steht, stellt eine andere – »verfeinerte« – tatsächliche Möglichkeit dar, als A zu wählen, wenn B nicht zur Verfügung steht.

Dieser Gegensatz lässt sich anhand eines Beispiels verdeutlichen. Zwei Menschen hungern – die eine, weil ihr nichts anderes übrig bleibt (da sie sehr arm ist), der andere freiwillig (da er sehr religiös ist). Ihre Ernährungssituation ist wahrscheinlich genau die gleiche, und wir nehmen an, dass sie im gleichen Maße unterernährt sind. Doch der eine »fastet«, der andere nicht. Derjenige, der aus religiösen Gründen fastet, *hungert freiwillig*, während der andere keine andere Wahl hat. Im Bereich *verfeinerter* aktueller Möglichkeiten gehören Alternativen somit zur Charakterisierung der tatsächlichen Möglichkeiten *selbst* (siehe Sen 1985a: Kapitel 7; 1985b). Der Begriff Fähigkeit ist demnach teilweise in den verfeinerten tatsächlichen Möglichkeiten enthalten.

Das Verhältnis zwischen tatsächlichen Möglichkeiten und Fähigkeiten ist in der Tat komplexer, als es auf den ersten Blick erscheint. Lebensbedingungen sind in gewissem Sinne Existenzzustände – dieses zu sein oder jenes zu tun. Die einzelnen tatsächlichen Möglichkeiten spiegeln die verschiedenen Aspekte dieser Zustände wider, und der jeweilige Komplex realisierbarer aktueller Möglichkeiten stellt die Fähigkeiten eines Menschen dar. Aber zum Tun und Sein gehören auch Entscheidungen über Alternativen, so dass es ein Wechselverhältnis zwischen tatsächlichen Möglichkeiten und Fähigkeiten gibt. Sind die tatsächlichen Möglichkeiten hinreichend charakterisiert, kann man natürlich fragen: Welche alternativen »verfeinerten« tatsächlichen Möglichkeiten stehen diesem Menschen zur Verfügung? Auf dem Weg zu dieser Frage wurden allerdings bereits Überlegungen über alternative tatsächliche Möglichkeiten (und somit Fähigkeiten) angestellt.

Die formalen Probleme der Charakterisierung sind zwar interessant, letztlich jedoch nicht sehr wichtig; was wirklich bedeutsam ist, ist die Anerkennung der Legitimität einer Betrachtungsweise, die bestimmte Freiheiten als Teil der Lebensbedingungen sieht.[18] Der weit gefasste Fähigkeiten-Ansatz befasst sich folglich nicht nur mit der Frage, aus welchem Komplex tatsächlicher Möglichkeiten jemand wählen kann, sondern auch damit, dass die tatsächlichen Möglichkeiten selbst in umfassender Weise die relevanten Aspekte von Freiheit widerspiegeln. Die konstitutive Pluralität des Fähigkeiten-Ansatzes als Methode zur

Bewertung des Lebensstandards hat dies ebenfalls zu berücksichtigen.

Schlussbemerkung

Hier muss ich zum Ende kommen. Ich habe versucht, eine bestimmte Betrachtungsweise des Lebensstandards und seiner Bewertung darzulegen. Dabei habe ich gegen einige weit verbreitete Ansätze argumentiert – darunter gegen solche, die Wohlstand und Nutzen als Bewertungsmaßstab nehmen. Ich habe »Selbstbewertung« und »Standardbewertung« gegenübergestellt. Ich habe auch die Position vertreten, dass nicht-aggregierte Charakterisierungen von tatsächlichen Möglichkeiten und Fähigkeiten und partielle Rangordnungen von aggregierten Bewertungen relevant sind.

Der empirische Anwendungsbereich dieses Ansatzes ist groß. Was natürlich nicht bedeutet, dass sich alle Verfeinerungen ohne weiteres in empirischen Untersuchungen unterbringen lassen. Der erste wichtige Schritt besteht darin, Klarheit über den Charakter des Unterfangens zu haben – was es ist und was es nicht ist, was es erfordert und was nicht so sehr ins Gewicht fällt.

Walter Bagehot hat einmal gesagt: »Für die menschliche Natur ist eine neue Idee eines der schmerzhaftesten Dinge«. Glücklicherweise ist dies hier nicht der Fall. Der Lebensstandard ist ein *alter* Begriff, und ich habe aufzuzeigen versucht, dass diejenigen, die ihn zuerst näher untersucht haben – Petty, Lavoisier, Lagrange, Smith, Marx, Pigou und andere – auf die komplexen Fragen hingewiesen haben, die dem Begriff und seiner unterschiedlichen Relevanz zugrunde liegen. Die Tatsache, dass wir auch häufig auf falsche Wege geführt wurden, sollte uns nicht dazu verleiten, den Wert der Hinweise und Anhaltspunkte zu übersehen, die wir bekommen haben. Vor uns liegt freilich noch ein langer Weg.

Keith Hart

AUSBREITUNG DER WARENWIRTSCHAFT UND LEBENSSTANDARD

Einführung

Für mich ist die grundlegende Frage, wie Lebensstandards durch die Entstehung der Industrie- oder Handelsgesellschaft beeinflusst werden, durch ein Phänomen also, das ich als Ausbreitung der Warenwirtschaft bezeichne (Hart 1982b). Wollen wir die Entwicklung der Warenwirtschaft verstehen, müssen wir auch sagen können, was sie nicht ist. Überall tun die Menschen einerseits gewisse Dinge für sich selbst (Selbstversorgung), während sie andererseits ihre Güter oder ihre Arbeitskraft verkaufen (Waren). Somit ist die moderne Volkswirtschaft ein ungleichmäßiger Prozess der Ausbreitung der Warenwirtschaft, bei dem sich große Verschiebungen im Verhältnis von Warenproduktion und Nicht-Warenproduktion ergeben können. Es gibt keinen absoluten Gegensatz zwischen Subsistenz und Markt, da sich heute auf der ganzen Welt in den Familien spezielle Kauf- und Verkaufsakte mit einer relativ undifferenzierten Arbeit in häuslichen Konsumeinheiten verbinden. Es wäre angemessener, von einer Tendenz zu größerer oder geringerer Abhängigkeit vom Markt zu sprechen.[1]

Der Lebensstandard lässt sich leichter als Quantität konzeptualisieren, wenn die Warenproduktion als vorherrschendes Merkmal des Wirtschaftslebens betrachtet wird. Die Frühgeschichte der ökonomischen Analyse basierte auf dem Erkennen analytischer Möglichkeiten, die sich aus der Bemessung des Warenwerts ergaben, und dies gilt auch zum großen Teil für die heutige wirtschaftstheoretische Orthodoxie. Der Wert unbezahlter Arbeit ist schwerer zu messen als der von Waren; und der Lebensstandard besteht immer aus beiden, auch wenn wir uns auf seine engste Definition beschränken. Es ist irreführend, den Beitrag der Selbstversorgung zum Lebensstandard anhand der Marktpreise der Waren zu bewerten. Ein Großteil dieses Beitrags befasst sich mit den Fluktuationen, die für das Verhältnis zwischen diesen beiden Sphären kennzeichnend sind.

Diese Konzentration auf die Ausbreitung der Warenwirtschaft in Verbindung mit meinem Interesse an der ökonomischen Transformation rückständiger Gebiete macht mich besonders aufgeschlossen für den Ansatz der klassischen politischen Ökonomen, die sich ebenfalls mit den Auswirkungen von Handel und Industrie auf eine Gesellschaft beschäftigten, die teilweise nach anderen Prinzipien strukturiert war. Amartya Sen betrachtet das Problem, das auch Petty, Smith und Marx beschäftigte, unter einem sehr weiten Blickwinkel, geht aber beträchtlich über deren theoretische Grenzen hinaus. Er fragt mit Keynes:»Warum müssen wir es ablehnen, eine vage Vorstellung vom Richtigen zu entwickeln, und stattdessen eine präzise Vorstellung vom Falschen anstreben?«[2], und fügt hinzu, dass das, was einfach anzuwenden ist, nicht immer am relevantesten sein muss. Das hat er gut erfasst. Dennoch kann das Messungsproblem nicht einfach beiseite geschoben werden. Nicht von ungefähr war der Universalgelehrte William Petty der Erfinder der Political Arithmetick *und* der erste systematische Ökonom Englands. Die kommerzielle und wissenschaftliche Revolution im siebzehnten Jahrhundert (so wie die, die in Italien während der Renaissance oder in Athen zwischen dem sechsten und dem vierten Jahrhundert stattfand) hatte als wichtige gemeinsame Basis das Aufkommen quantitativer Berechnungen, die erst durch Markttransaktionen in großem Maßstab möglich wurden.[3] Marx gab den Versuch der Bestimmung des Gebrauchswerts der Waren völlig auf, da er der Auffassung war, nur der Tauschwert sei quantitativ bestimmbar und unterliege sozialen

Gesetzmäßigkeiten.[4] Adam Smith ging davon aus, dass Bedürfnisse kulturell relativ seien, und lehnte eine allgemeine Steuer auf
Konsumwaren mit der Begründung ab, sie treibe unweigerlich
die Lohnkosten in die Höhe. Insgesamt galt sein Interesse mehr
der Produktion als der Konsumtion sowie der sozialen Bedingt-
heit der Produktionsniveaus, die dem unterschiedlichen Reichtum der Nationen zugrunde liegen. Für Smith ist »Wohlstand«
(der Gegenstand von Buch III) der Umfang der in einem Land
erzeugten Produktion, und das objektive Maß für den Wert dieser Produktion sind die Waren, die von der Gesamtheit der ein-
gesetzten Arbeitskräfte erzeugt werden.[5]

Wenn die klassische Schule für irgendetwas steht, dann für die
Auffassung, in den Lebensstandards spiegele sich die produktive
Effizienz einer Gesellschaft wider. Außerdem ging sie davon
aus, dass die Ausbreitung der Warenwirtschaft in einem inneren
Zusammenhang mit diesen divergierenden Produktionstenden-
zen stehe. Es mag sein, dass es aufgrund der sozialen Verhältnisse in den fortgeschrittenen kapitalistischen Ländern angemessen
ist, Warenproduktion als Wohlstand zu begreifen; doch in diesem Beitrag wird eine Position vertreten, die generell mit den
Theorien und Auffassungen der klassischen politischen Ökonomen übereinstimmt. Daher werden die Tendenzen in der Entwicklung der Arbeitsproduktivität als Schlüssel für die Verbesserung des Lebensstandards betrachtet; und diese hingen
historisch von Fortschritten in der gewerblichen Arbeitsteilung
ab. Sens Lebensstandard-Konzept lehnt zu Recht die subjekti-
vistische Ausrichtung der utilitaristischen Tradition in der neoklassischen Wirtschaftstheorie ab, wenngleich seine Beispiele,
genau wie die der Utilitaristen, ökonomische Beziehungen als individuelle Motivationen und Verhaltensweisen konstruieren.
Auch dieser Beitrag geht davon aus, dass subjektive Auffassungen in eine theoretische Sackgasse führen, und die angeführten
Beispiele sind deshalb historisch realen Gesellschaften entnommen. Die ökonomische Analyse ist dann am nützlichsten, wenn

sie explizit auf den historischen Kontext eingeht, der für zwei Dinge prägend ist: für die Fragen, die wir stellen, und für die moralischen Urteile, die wir abgeben. Wenn die Debatte über den Lebensstandard nicht fest in den Besonderheiten der Moderne verankert ist, ist sie lediglich ein weiterer Zweig säkularer Theologie.

Bei britischen Sozialanthropologen ist es gängige Praxis, sich für ihre Argumentation einer Art empirischer Exegese zu bedienen. Für diejenigen, die ihre Ideen und Fakten lieber in getrennten Schubladen unterbringen, mögen die folgenden Ausführungen etwas verwirrend sein, denn dieser Beitrag besteht im Wesentlichen aus einem Vergleich zwischen Westafrika und Großbritannien. Zunächst untersuche ich die Auswirkungen des Handels auf den Lebensstandard der Getreidebauern und Viehzüchter, die die trockene Savanne Westafrikas, bekannt als Sahelzone, bewohnen.[6] Sodann stelle ich kurz die Pluralität des Wirtschaftslebens im eigentlichen Industriekapitalismus dar, wobei ich besonders auf zwei britische Beispiele eingehe – das erste Industrieproletariat in Lancashire im neunzehnten Jahrhundert und die in jüngster Zeit zu beobachtende bemerkenswerte Rückkehr von Frauen ins aktive Erwerbsleben. Der Gegensatz zwischen dem britischen und dem afrikanischen Beispiel lässt sich leicht als einer zwischen einer industriellen und einer vorindustriellen Wirtschaft beschreiben. In der einen hat sich die Warenwirtschaft voll durchgesetzt, in der anderen ist sie ein neueres und kontingentes Phänomen. Folglich sind unsere Vorstellungen vom industrialisierten Westen außerordentlich abstrakt und vereinfacht, und zwar um es uns nicht mit den Wirtschaftstheorien sowohl der Rechten als auch der Linken zu verderben, während die ethnographischen Beschreibungen der afrikanischen Volkswirtschaften konkret und vielschichtig sind. Mein Versuch, einen Vergleich der beiden vorzunehmen, legt das Schwergewicht auf den beiden Wirtschaften gemeinsamen Prozess der Ausbreitung der Warenwirtschaft. Die Erörterung nimmt eine deskriptive Mittelstellung ein: komplexer als die westlichen Wirtschaftsmodelle und abstrakter als die afrikanische Ethnographie.

Die westafrikanische Savanne[7]

Westafrika lässt sich grob in zwei ökologische Zonen einteilen – die tropischen Regenwälder in Küstennähe und die trockene Savanne im Inland, die allmählich in die Sahara übergeht. Obwohl die meisten Küstenländer im Inneren Savannen haben, sind diese vorwiegend in Senegal und Gambia, Mauretanien, Mali, Bourkina Faso (Obervolta), Niger, Tschad und Nordnigeria anzutreffen (dessen Einwohnerzahl so groß ist wie die der restlichen Länder zusammen). Die Bevölkerungsdichte reicht von 2 Personen pro Quadratkilometer bis 50–100 Personen pro Quadratkilometer in manchen dicht besiedelten Agrargebieten. Die wenigen Städte sind hauptsächlich Verwaltungs- und Handelszentren. Die Menschen im Binnenland leben vom Getreideanbau (Hirse und Sorghum) während einer kurzen Regenzeit. Das Vieh liefert Fleisch, Milch und Dünger und wird bei der Arbeit eingesetzt. Wasser ist knapp, was besonders für den Rand der Sahara (die Sahelzone) gilt; daher die große Bedeutung von Flüssen, vor allem des Niger und des Senegal. In jüngster Zeit hat die Region unter Dürre und Hungersnot gelitten, über die ausführlich berichtet wurde.[8] Trotz zunehmender Produktion für den Export (hauptsächlich Erdnüsse und Tiere sowie etwas Baumwolle und Reis) ist die Savanne noch immer eine der ärmsten Regionen der Welt. Offiziellen Schätzungen zufolge beträgt das Bruttosozialprodukt pro Kopf der Bevölkerung zwischen 200 und 400 Dollar. Aus der Savanne kommen viele Wanderarbeiter, die in die Städte und in die Forstwirtschaft Südnigerias, Ghanas und der Elfenbeinküste gehen. Seine Kultur ist, allgemein gesagt, eine Mischung aus Islam und Animismus; die Al-

phabetisierungsrate ist sehr niedrig. Dennoch lagen hier in vor-
kolonialer Zeit die entwickeltsten Staaten Westafrikas. Die Vielfalt der ethnischen Gruppen wird durch eine strikte Arbeitsteilung zwischen Bauern und Viehzüchtern überlagert. Von jeher
wurde hier Handel getrieben; die gesamte ländliche Bevölkerung
hat seit langem Zugang zu Märkten. Die Technik ist äußerst
rückschrittlich; abgesehen davon, dass seit einigen Jahrzehnten
das Land mancherorts bewässert und mit Ochsen gepflügt wird,
wird der Boden mit der Hacke bearbeitet. Die Transportmög-
lichkeiten wurden in diesem Jahrhundert beträchtlich verbessert,
doch da alles hauptsächlich über Land befördert wird, sind
Transporte schwierig, teuer und zeitaufwendig. In den letzten
Jahren haben Entwicklungsorganisationen die Vision von der
westafrikanischen Savanne als potentiell großem Fleisch- und
Getreideexporteur entworfen, doch heute sind alle Staaten dieser Region Nettoimporteure von Nahrungsmitteln.

Der Gegensatz zwischen Regionen wie Westafrika und westlichen Industriegesellschaften ist so groß, dass manche Beobach-
ter überzeugt sind, dass sie radikal unterschiedliche Untersu-
chungsansätze erfordern.[9] Es wird allgemein angenommen, dass
sehr arme ländliche Gemeinschaften von »Subsistenz«-Erfor-
dernissen geprägt sind, wohingegen die Mitglieder industrieller
Marktwirtschaften anscheinend gute Gründe haben, Grenznutzen zu berechnen, Gewinne zu maximieren usw. Ich vertrete die
Auffassung, dass die Familien überall einerseits Waren konsu-
mieren, andererseits eigene Anstrengungen zur Selbstversorgung
unternehmen; das Verhältnis zwischen den beiden Bereichen
und die Art ihrer Interaktion sind jedoch so unterschiedlich, dass
in *allen* Fällen empirische Untersuchungen gerechtfertigt sind.
Die quantifizierten Abstraktionen scheinen zwar für bestimmte
gesellschaftliche Verhältnisse besser geeignet zu sein als für andere, aber man kann nicht davon ausgehen, dass sie für gewisse
Gesellschaftsformen absolute Geltung haben und für solche wie
in der westafrikanischen Savanne gänzlich unbrauchbar sind. Ich

beginne daher mit einer idealtypischen Gegenüberstellung von industriellen und vorindustriellen Gesellschaften – mehr, um das Spektrum möglicher Verhältnisse deutlich zu machen, als um zu zeigen, dass konkrete Untersuchungen von Ländern wie Großbritannien oder Mali zwangsläufig zu einem bestimmten Ergebnis führen.

Dass in westlichen Industriegesellschaften die Menge der konsumierten Waren als Index für den Lebensstandard dient, ist teilweise durch die ökonomischen Verhältnisse gerechtfertigt, die heute unser kollektives Dasein beherrschen. So ist es üblich, die Menschen in Produzenten und Konsumenten einzuteilen. Darin spiegelt sich die für die normalen Arbeitnehmer charakteristische Trennung von Arbeitsplatz und häuslichem Bereich wider. Die Unabhängigkeit aller Teilnehmer vom Wirtschaftsprozess drückt sich symbolisch in persönlichen Lohntüten aus, während die Isolation der Haushalte so weit fortgeschritten ist, dass die meisten Menschen heutzutage in Einheiten leben, die nur ein oder zwei Personen umfassen. Da die Arbeit stunden-, wochen- oder monatsweise bezahlt wird, ist unmittelbar einsichtig, dass sie eine Quantität darstellt. Ihr Produkt lässt sich häufig leicht messen, und der Lebensstandard kann als die Kaufkraft des Lohnes definiert werden. Der Wert der Konsumtion lässt sich anhand des Marktpreises äquivalenter Güter ermitteln. Diese Entwicklungen in der Organisation der Erwerbsarbeit sind der wesentliche Grund für die wissenschaftliche Revolution in unserem Denken, die Quantifizierung zu einem unverzichtbaren Bestandteil verlässlichen Wissens macht. Wirtschaftstheoretische Modelle sind folglich zwar unvollständige, doch insgesamt vernünftige Annäherungen an die realen Lebensbedingungen in industriekapitalistischen Volkswirtschaften, in denen die menschliche Arbeitskraft für kurze Zeiträume in von Menschen geschaffenen Umgebungen verkauft wird und die Haushalte den größten Teil ihrer Konsumtion mit Waren bestreiten.

Die Verhältnisse in den meisten vorindustriellen Gesellschaften erscheinen in mancher Hinsicht geradezu als die Negation dieser Beschreibung. Hier verbrauchen die Menschen einen beträchtlichen Teil dessen, was sie selbst produziert haben. Die Eigentums-, Kooperations- und Distributionsstrukturen verhindern die Isolierung der Haushalte. Die Grundlage, um schließlich bedeutsame Arbeitseinheiten zu bestimmen, Arbeit also zu quantifizieren, wurde nicht in Jahrhunderten der Spezialisierung gelegt. Das Angebot an Arbeit und die Nachfrage nach ihren Produkten unterliegen vielmehr einer diffusen sozialen Organisation, die nicht leicht von der Alltagsroutine zu unterscheiden ist. Die Produktion fußt auf *natürlichen* Dingen und Arbeitsmitteln (Pflanzen, Tiere, Land, Wasser), so dass die Produktivität nur teilweise durch die Arbeit der Männer und Frauen bestimmt wird.[10] Die Abhängigkeit von der Natur sorgt wiederum dafür, dass die Arbeit in den Gemeinschaften von vielen religiösen Elementen durchdrungen ist. Die meisten Subsistenzgüter nehmen selten die Form von Waren an, und dies macht die verschiedenen Konsumtionsbereiche inkommensurabel. Unter solchen Bedingungen ist es technisch schwierig, wirtschaftstheoretische Modelle anzuwenden, so dass die meisten diesbezüglichen Bemühungen fruchtlos bleiben.

Die sozialen Realitäten Westafrikas entsprechen keinem der dargestellten extremen Typen, wenngleich die Dörfer dem zweiten näher kommen als dem ersten. Die Welt der Getreideproduktion für den Export, der Steuern, Schulen und Lohnarbeit wurde stückweise in die herkömmliche Welt der Ahnenverehrung, Kornspeicher, Familienherden und Polygamie integriert. Wenn in einer Gesellschaft der Anteil der für den Verkauf bestimmten Produkte entscheidend zunimmt, entsteht auch immer ein gewisser Druck, die Zeit anders zu organisieren. Tätigkeiten, die zuvor relativ undifferenziert waren, werden zu eigenständigen Arbeitsformen, von denen jede ihren Marktpreis hat. So waren etwa Kinderbetreuung und die Vorbereitung der Kinder auf das Leben in der Gesellschaft gewöhnlich in das Gefüge des normalen Alltagslebens integriert, doch die Einführung von Schulen macht diese Tätigkeiten zu Erziehungsleistungen, die bezahlt werden müssen – durch Steuern oder Gebühren. Die westafrikanische Landwirtschaft wird stark durch jahreszeitliche Klimaschwankungen beeinträchtigt; acht Monate lang fällt so wenig Regen, dass die grundlegenden Getreidesorten nicht gedeihen können. Aus diesem Grund sowie wegen der geringen Bevölkerungsdichte und einer niedrigen Mehrwertabschöpfung durch Mieten oder Steuern verbringen die Bewohner der westafrikanischen Savannengebiete pro Jahr weniger Arbeitsstunden mit dem Erwerb von Nahrungsmitteln als beispielsweise die meisten Asiaten.[11] Gemessen an unseren Maßstäben, verbringen sie jedoch außerordentlich viel Zeit bei Beerdigungen. Wir sind überzeugt, dass der Anbau von Pflanzen für die Sicherstellung eines Mindestlebensstandards besser geeignet ist als der Dienst an den Toten. Für einen Westafrikaner, der überall mit einer feindlichen Natur konfrontiert ist, stellt die Besänftigung der Ahnen jedoch einen wichtigen Aspekt seiner bäuerlichen Tätigkeit dar. Die Kommerzialisierung der Landwirtschaft verändert allerdings die Bewertung der Zeit, und die Ergebnisse der spezialisierten Arbeit schlagen sich zunehmend in Kaufkraft nieder. Unter diesen Bedingungen kann die Teilnahme an Beerdigungen als eine Verschwendung von Zeit, Geld und Energie gesehen werden – also genau der drei Faktoren, die in modernen Gesellschaften zur Messung von Effizienz und Wert dienen.[12] Allgemein lässt sich somit Folgendes feststellen: Ist die Zeit in industriellen und vorindustriellen Gesellschaften unterschiedlich organisiert, gestaltet sich der Übergang von der einen zur anderen, wie partiell er auch sein mag, zwangsläufig schwierig. Es ist bekannt, wie die Arbeiter in den Anfängen der Industrialisierung in die Disziplin kapitalistischer Fabriken gezwungen wurden.[13] Reichlich unverständlich ist, dass unsere intellektuellen Bestrebungen in Bezug auf die Dritte Welt, insbesondere die der Wirtschaftswissenschaftler, häufig den Versuch darstellen, den diffus organisierten und weitgehend vorindustriell verfassten Wirtschaften dieser Region die *quadrillage*[14] moderner Disziplin aufzuzwingen. Dies ist kein mentales Problem; es ist durch die institutionellen Gegensätze bedingt, die die Sprache prägen. Bevor wir von Lebensstandards in Westafrika sprechen, sollten wir die Anwendbarkeit von warenbezogenen Wirtschaftsmodellen auf die dortigen Verhältnisse überprüfen.

Die Logik des Dualismus industriell-vorindustriell führt leicht zu der Behauptung, die eine Lebensweise ließe sich nicht mit den Maßstäben der anderen messen, der Wert zweier unterschiedlicher Arbeits- und Konsumtionsstrukturen sei inkommensurabel. Doch die intellektuellen Rückzüge eines derartigen anthropologischen Relativismus sind häufig ebenso unbefriedigend wie der unbekümmerte Reduktionismus der Wirtschaftswissenschaftler. Daher schauen wir uns zuerst den Versuch an, Veränderungen des Einkommensniveaus als Index für materielle Entbehrung und soziales Wohlergehen in solchen Gesellschaften wie denen der westafrikanischen Savanne zu verwenden, Gesellschaften, die in diesem Jahrhundert eine beträchtliche Kommerzialisierung erlebt haben, während ihre Warenwirtschaft nach internationalen Standards schwach entwickelt blieb. Sen erwähnt die legitime Kritik, die an solchen Messgrößen wie dem Bruttosozialprodukt als Lebensstandard-Indikator geübt werden kann. In der westafrikanischen Savanne gelangen viele wichtige Güter und Dienstleistungen nur selten als Waren auf den Markt. Die Unterkünfte werden beispielsweise fast ausschließlich durch unbezahlte Arbeit geschaffen. Das Gehen ersetzt auch bei längeren Strecken die Benutzung städtischer Verkehrsmittel, für die Fahrpreise zu entrichten sind. Viele Nahrungsmittel werden gar nicht verkauft. Ein umfangreicher Austausch findet unabhängig vom Markt statt – Getreide für Milch, Kühe für Frauen im heiratsfähigen Alter. Diese schwache Ausprägung der Warenwirtschaft in einigen wichtigen Bereichen bedeutet, dass die am Nationaleinkommen orientierten Messgrößen noch weniger hergeben, als es die realen Lebensstandards rechtfertigen. Und wenn die Märkte expandieren – wie es in den letzten Jahrzehnten bei Nahrungsmitteln, Kleidung, Werkzeugen, Bier aus heimischer Produktion, importierten Luxusgütern und vielen anderen Gütern der Fall war – erscheint die institutionelle Veränderung der Distributionsstruktur als ein häufig imaginäres Wirtschaftswachstum.

Wie alle anderen Menschen, versorgen sich die Westafrikaner mit gewissen Dingen selbst und kaufen andere in Form von Waren.[15] So können sie ihre Kühe wegen der Milch behalten oder wegen des Fleisches verkaufen. Auch wenn der Eigenverbrauch das ausschließliche Ziel der Produktion ist, deutet die Existenz eines Marktes für diese Güter andernorts auf ein messbares Äquivalent hin. Werden die Warenproduktion und die Nicht-Warenproduktion auf diese Weise konkret miteinander verbunden, scheint es plausibel, den Wert der Konsumtion außerhalb des Marktes anhand äquivalenter Waren zu messen. Wenn man also weiß, dass die meisten Getreidebauern die Hälfte ihrer Hirse verkaufen und die andere Hälfte für den Eigenverbrauch behalten, könnte man den Wert des gesamten Hirseverbrauchs berechnen, indem man die Marktverkäufe doppelt ansetzt. Dies ist denn auch die übliche Methode zur Berechnung des Nationaleinkommens; sie wird auch von den meisten Wirtschaftswissenschaftlern angewendet, die sich mit den ländlichen Einkommen in der Dritten Welt befassen.[16] Aber auch dieses scheinbar einfache Verfahren enthält Fallstricke. Angenommen, die Haushaltsvorstände stehen vor der Wahl, Getreide nicht auf den Markt zu bringen oder es zum Marktpreis zu verkaufen. Der Umfang der dem Markt zur Verfügung stehenden Waren beeinflusst den Marktpreis erheblich. Wenn die meisten Bauern ihr Getreide dem Markt zu einem bestimmten Zeitpunkt vorenthalten, ist der Preis für das verkaufte Getreide normalerweise höher als in einer Zeit, in der sie ihre ganze Ernte verkaufen.

Dies lässt sich gut am Austausch zwischen Getreidebauern und Viehzüchtern verdeutlichen.[17] In normalen Zeiten behalten die Viehzüchter ihre Tiere, um die Herden gegen zukünftige Verluste zu sichern; sie verkaufen gerade soviel Milch und Tiere, wie sie müssen, um Getreide zu kaufen, das ziemlich billig ist, weil die westafrikanischen Regierungen viel Getreide aus Nordamerika und Südostasien importieren, was auf die heimischen Nahrungsmittelpreise drückt. Der Tauschwert tierischer Produkte ist unter diesen Umständen relativ hoch, und die in agrarischen Gemeinschaften weit verbreitete Nutzung von Vieh als Brautpreis, stellt einen institutionellen Druck dar, der die Preise hoch hält. Doch regelmäßig auftretende Dürre zwingt die Viehzüchter, mehr Tiere zu verkaufen, als sie eigentlich möchten. Die Nachfrage der bäuerlichen Bevölkerung steigt nicht im gleichen Maße; ja, auch sie kann unter der Dürre leiden. Kommen also viele Tiere auf den Markt, rutscht deren Preis in den Keller. Die Viehzüchter brauchen mehr Getreide, um den Verlust an tierischen Produkten auszugleichen, so dass die Getreidepreise vorübergehend steigen. Aber da Nahrungsmittel jetzt insgesamt knapp sind, haben die Getreidebauern allen Grund, sich ihre verlässlichste Versorgungsquelle zu erhalten. Da sie Getreide horten, steigt der Marktpreis noch höher. Derartige Preisschwankungen sind für die Wirtschaften der westafrikanischen Savanne charakteristisch und können kurzfristiger oder langfristiger Natur sein. Der geschätzte Gesamtwert des Einkommens eines Bauern scheint somit höher zu sein, wenn die Warenwirtschaft schwach entwickelt ist, solange die aktuellen Marktpreise zur Quantifizierung des Wertes der Subsistenzproduktion verwendet werden.

Dieser Punkt lässt sich zum idealtypischen Gegensatz zwischen industriellen und vorindustriellen Wirtschaften generalisieren. In Westafrika sind die ländlichen Märkte das Ergebnis vieler Faktoren, unter anderem des Weltnahrungsmittelhandels, der staatlichen Preispolitik, die die Städte begünstigt, der Nachfragemonopole usw. Aber sie sind auch weitgehend das Ergebnis von Faktoren, die mit der Subsistenzproduktion zusammenhängen, welche in vielen Fällen unabhängig von den Marktpreisen erfolgt. In den Industriegesellschaften gilt sozusagen das Gegenteil. Hier übt eine kontinuierliche Ausweitung der Warenwirtschaft, die durch die fortschreitende Verbilligung der dem Markt zur Verfügung stehenden Waren gespeist wird, dahingehend Druck auf den häuslichen Bereich aus, dass unbezahlte Arbeit durch Lohnarbeit und Substitutionsgüter ersetzt wird. Will man die Tendenzen in der Entwicklung von Lebensstandards verstehen, bringt die Untersuchung der Faktoren, die diese Verschiebungen im Verhältnis von Selbstversorgung und Warenverbrauch bewirken, mehr als kurzfristige empirische Schätzungen, die auf Marktpreisen basieren. Es sollte außerdem auf der Hand liegen, dass die Bewertung der Nicht-Marktproduktion anhand der aktuellen Marktpreise irreführend, wenn nicht gar schlimmer ist.

Die ländliche Savanne ist das ärmste Segment der sehr ungleichen Einkommensverteilung in Westafrika, und das durchschnittliche Pro-Kopf-Bruttosozialprodukt von einem Dollar pro Tag lässt ein Ausmaß an Armut erkennen, das sich durch keinen Rechentrick verschleiern lässt. Kern dieses Phänomens ist die Fragmentierung und stagnierende Produktivität der westafrikanischen Landwirtschaft.[18] Für die klassischen politischen Ökonomen war die Ausweitung der gewerblichen Arbeitsteilung eine notwendige Voraussetzung für eine substantielle Verbesserung der Arbeitsproduktivität, die ihrerseits eine Erhöhung des nationalen Reichtums garantierte. Bei den modernen Wirtschaftswissenschaftlern ist davon nur das Interesse am Wachstum des Marktes übrig geblieben, was nicht zu einem wirklich fundierten Verständnis der Entwicklungen in der Dritten Welt führt. Ein durch und durch klassischer Ansatz könnte sich bei der Bewertung von Lebensstandards auf die »gesellschaftlich notwendige Arbeitszeit« für die Erfüllung der produktiven Auf-

gaben einer Gemeinschaft konzentrieren.[19] Um ein Beispiel anzuführen: Wasser ist für den Menschen lebenswichtig und wird
in Industriegesellschaften regelmäßig gekauft und verkauft. Wie
kann ein Preis für das Tragen von Wasser in der westafrikanischen Savanne festgelegt werden? Dies ist eine äußerst mühseli-
ge Aufgabe, die zur täglichen Arbeit einer Frau auf dem Land
gehört und mitunter einen Marsch von siebeneinhalb Kilome-
tern zu einer Wasserstelle erfordert, die in der Trockenzeit aus
einem schlammigen Tümpel besteht. Niemand könnte davon leben, dass er ihnen diese Arbeit abnimmt, wohingegen die Arbeiter in den Städten oft Träger bezahlen, die ihnen Wasser zum
Baden, Kochen und Trinken bringen (für diese Tätigkeit lassen
sich die Kosten auf der Basis einer Arbeitsstunde bestimmen).
Ist solch ein Vergleich für die Bewertung des Lebensstandards in
einem Dorf relevant? Offensichtlich ginge es den Frauen nicht
besser, wenn der Wasserpreis in den Städten stiege. Wenn sich
die Menschen mit den meisten Dingen selbst versorgen, kommt
es auf die Verringerung der Arbeitszeit an, die für die Erfüllung
ihrer verschiedenen Aufgaben notwendig ist. Ein Steigrohr in jedem Dorf, das das ganze Jahr hindurch in Betrieb ist, würde den
Frauen viele Fußmärsche ersparen. Dies wäre eine reale Verbesserung ihres Lebensstandards, und es würde eine Verringerung
der sozialen Kosten der Wasserbeschaffung zum Ausdruck bringen. Die Frauen könnten die freie Zeit nutzen, um am Steigrohr
einen Plausch miteinander zu halten oder als Saisonkräfte auf einer neuen Baumwollfarm zu arbeiten. Im Gegensatz zu Arbeits-
zeitindikatoren ermitteln Berechnungen des Marktwertes von
Subsistenztätigkeiten in erster Linie den Umfang der Spezialisierung der Arbeit und die Nachfrage nach Waren und nicht den
relativen Lebensstandard als solchen.

Ein Ergebnis der Ausbreitung der Warenwirtschaft besteht
für die Westafrikaner bislang wohl darin, dass sie heute härter arbeiten und Zugang zu mehr Waren und Dienstleistungen haben.
Es ist schwer, die Kosten und Vorteile solcher Entwicklungen zu

beurteilen. Leider ist ihr durchschnittlicher Lebensstandard so niedrig, dass sich die Frage ihres physischen Überlebens stellt. Hungersnöte in der Sahelzone seit den späten sechziger Jahren haben in der Öffentlichkeit eben soviel Beachtung gefunden wie die in Äthiopien und in Bangladesh.[20] Daher ist es angemessen, Produktions-, Distributions- und Konsumtionsstrukturen unter dem Aspekt zu bewerten, wie wirksam sie dazu beitragen, die Gefährdungen zu bewältigen, die die natürliche Umgebung mit sich bringt. Im Zentrum der heutigen Diskussion über diese Problematik steht die Frage nach der Rolle der Märkte: ob diese die Sicherheit marginaler Bevölkerungsgruppen fördern oder untergraben. Es macht für die Politik einen gewaltigen Unterschied aus, ob sie annimmt, den Bauern und Viehzüchtern in der Savanne ginge es besser (das heißt, sie lebten länger), wenn sie *mehr* oder *weniger* in Märkte eingebunden wären. Sens Analyse der Hungersnot in der Sahelzone betont vor allem die negativen Auswirkungen der Ausbreitung der Warenwirtschaft: »Zwar hat die Kommerzialisierung neue wirtschaftliche Möglichkeiten eröffnet, doch sie hat auch die Verwundbarkeit der Menschen in der Sahelzone erhöht« (Sen 1981: 126–27).[21] Was schafft mehr Verwundbarkeit – die Abhängigkeit isolierter Gemeinschaften von einer unberechenbaren Umgebung oder die Unwägbarkeiten der Märkte? Das ist so, als würde man fragen, was schlimmer ist – barbarische Kriege zu erleben oder unter der nuklearen Bedrohung zu leben. Für Adam Smith und seine Nachfolger förderten Märkte die Sicherheit, da sie aufgrund der Arbeitsteilung die Distribution verbesserten und die Produktivität erhöhten. Das wissen wir heute vielleicht besser. Doch im Fall Westafrikas gibt ein unruhig stimmendes Indiz, das es uns möglicherweise erlaubt, die rhetorischen Gegensätze aufzulösen.

Seit der Jahrhundertwende hat sich die westafrikanische Bevölkerung fast vervierfacht – von unter 40 Millionen damals auf über 150 Millionen heute.[22] Die Geburtenraten sind hoch geblieben, während die Sterblichkeitsraten stark gesunken sind – von

30 auf 20 pro tausend Einwohner allein in den letzten zwei Jahrzehnten. Die durchschnittliche Lebenserwartung hat sich seit 1960 um 5–9 Jahre verbessert, ist aber noch immer 25 Jahre niedriger als in den Industrieländern; und mit 42 Jahren ist die Lebenserwartung in der Savanne 5 Jahre niedriger als in den westafrikanischen Küstenländern und 12 Jahre niedriger als in der Dritten Welt insgesamt.[23] Die Demographie ist ein grober, aber aussagekräftiger Indikator für eine Verbesserung des Wohlergehens, und zwar besonders bei Bevölkerungen, die noch in vorindustriellen Verhältnissen leben, welche in vielen anderen Regionen der Welt faktisch beseitigt worden sind. Wenn man sieht, wie eine vierzigjährige Frau über den Verlust ihres zwölften Kindes in Folge trauert, führt einem das eindringlich vor Augen, dass die Verminderung dieser hohen Sterblichkeit Priorität vor allen anderen Lebensstandard-Kriterien haben sollte. Die schockierenden Bilder von hungernden Menschen, die dem westlichen Fernsehpublikum gezeigt werden, geben die *normalen* Lebensbedingungen wieder. Diese führen dazu, dass die durchschnittliche Lebenserwartung bei knapp über vierzig Jahren liegt, und hatten vor dem Industriezeitalter zur Folge, dass sie noch wesentlich niedriger war, weil aufgrund der andauernden wirtschaftlichen Rückständigkeit regelmäßig viele Menschen starben.[24] Derartige Faktoren müssen die westafrikanische Bevölkerung vor der Kolonialzeit auf einem ähnlich niedrigen Stand gehalten haben. Und so schlimm uns das heutige Leben in der Savanne auch erscheinen mag, es muss sich in wesentlichen Bereichen gebessert haben, denn erst in diesem Jahrhundert und insbesondere seit dem Zweiten Weltkrieg wurden seine malthusianischen Fesseln gesprengt. Wie widersprüchlich die modernen politischen und ökonomischen Entwicklungen auch sein mögen, sie haben in der westafrikanischen Savanne zu einem Rückgang der Sterblichkeit geführt. Die absolute Erhöhung der Bevölkerungszahlen stellt auch keine Bedrohung dar, da der relative Überfluss an Land und die Knappheit der Arbeitskräfte[25]

dieses Bevölkerungswachstum zu einem positiven Faktor für die ökonomischen Perspektiven der Region machen.

Nur wenige Kritiker des zwanzigsten Jahrhunderts würden bestreiten, dass sich in der kolonialen und nachkolonialen Ära in Westafrika und anderswo starke, in den Welthandel eingebundene Staaten gebildet haben. Wenn die gestiegene Abhängigkeit von Märkten (Ausbreitung der Warenwirtschaft) einen wichtigen Aspekt der modernen Wirtschaftsgeschichte dieser Region darstellt, scheinen die Konsequenzen dieser Entwicklung für das materielle Wohlergehen insgesamt positiv gewesen zu sein. Wie anders lässt sich die Vervierfachung der Bevölkerung binnen einiger Jahrzehnte erklären? Es wäre abwegig zu behaupten, die Unsicherheit der Niederschläge sei durch die Kommerzialisierung vergrößert worden. Plausibler ist es, im Anschluss an Adam Smith anzunehmen, dass die Lebenschancen in der westafrikanischen Savanne durch Märkte, Transportmittel und moderne Staaten verbessert worden sind. Dies wird durch die Tatsache gestützt, dass es insbesondere in der Nachkriegsperiode die größte Ausweitung des Handels und den stärksten Rückgang der Sterblichkeitsrate gegeben hat. In diesen Fragen gibt es keine Alternative zu einer langfristigen historischen Perspektive; ansonsten steht es uns frei, unseren verschiedenen Vorurteilen zu frönen, wenn wir selektive Urteile über Kausalzusammenhänge abgeben.

In den 150 Jahren seit der Einbeziehung Westafrikas in die von den Industrieländern beherrschten Weltmärkte hat die Region mehrere schwere Wirtschaftskrisen erlebt, insbesondere im späten neunzehnten Jahrhundert, in den dreißiger Jahren und in den letzten zehn Jahren.[26] Der Zyklus von Aufschwung und Abschwung auf den Weltmärkten mag die Bauern und Viehzüchter der Savanne das erste Mal unvorbereitet getroffen haben, doch nicht beim zweiten oder gar dritten Mal. Die starken Marktschwankungen sind diesen Produzenten besser bekannt als westlichen Experten, die noch nie eine schwere Wirtschaftskrise selbst miterlebt haben. Westafrikanern wurde häufig ein irrationaler Konservatismus vorgeworfen, weil sie in Boomzeiten Vieh und Getreide zurückgehalten haben, anstatt sie zu relativ hohen Preisen zu verkaufen.[27] Ich behaupte dagegen, dass die wiederholten Erfahrungen mit starken Auf- und Abschwüngen zu einer flexiblen Regulierung des Verhältnisses zwischen Warenangebot und Selbstversorgung führen, eine Anpassungsleistung, die wahrscheinlich weniger Unbeständigkeit aufweist als die kurzfristigen Marktpreisbewegungen. Eine wachsende Orientierung auf den Export von Getreide und auf Lohnarbeit sollte beispielsweise nicht ausschließen, dass man in Zeiten, in denen der Markt für Waren und Arbeitskräfte zusammenbricht, verstärkt Subsistenzwirtschaft betreibt. Massive Nachfrageschwankungen bei den von ihnen verkauften Waren gehörten für die Westafrikaner in diesem Jahrhundert zur Normalität. Die große Weltwirtschaftskrise war eine wichtige Lehre für diejenigen, die die traditionelle Landwirtschaft voreilig aufgegeben hatten. Ähnliche Lehren werden sicherlich aus der gegenwärtigen Wirtschaftskrise gezogen. Die Reaktion der Westafrikaner auf Krisen bestand darin, dass sie eine flexible Mischung verschiedener Formen des Lebensunterhalts aufrechterhielten. Die Urbanisierungsprozesse, die nach dem Krieg in großem Maßstab stattfanden, basierten auf einer Verteilung von Arbeitskräften zwischen Stadt und Land, die den Migranten aufgrund ihrer Zugehörigkeit zu ländlichen Gemeinschaften ein gewisses Maß an Sicherheit gibt, so dass sie nicht völlig dem Markt ausgeliefert sind.[28] Land gibt es immer noch genug, und der größte Teil gehört traditionsgemäß bestimmten Gruppen. Der Handel wurde den Bedürfnissen dieser Gruppen angepasst. Der Tag ist noch fern, an dem die dortigen Wirtschaftsstrategien durch kurzfristige Preisüberlegungen geprägt sein werden.[29]

Ein Schluss, der sich aus dieser Analyse ziehen lässt, ist der, dass jede präzise Gewichtung des Wertes von Waren und Selbstversorgung bei der Messung des Lebensstandards in Westafrika auch dann schwierig ist, wenn wir nicht annehmen, dass die beiden inkommensurabel sind. Der von Sen vorgetragene Ansatz, der von »tatsächlichen Möglichkeiten und Fähigkeiten« ausgeht, gibt eine Reihe von alternativen Maßstäben für die Messung von Armut an. Soziologen haben immer die Machtlosigkeit der Armen hervorgehoben, die vielleicht das negative Gegenstück zu Sens Fähigkeitsbegriff darstellt. Die Befreiung von mühseliger Plackerei, die Verringerung tödlicher Risiken, ein größeres Spektrum von individuellen Entscheidungsmöglichkeiten – all dies könnte für den Lebensstandard letztlich ausschlaggebender sein als warenbezogene Indikatoren der materiellen Konsumtion. Sie sind allerdings nicht leicht zu messen. Vielleicht stellt die Arbeitsproduktivität (eine Art Taylorismus im Großen) einen Kompromiss zwischen der Anwendung von Warenkriterien und der Anwendung von Fähigkeitskriterien dar. Dafür gibt es mehrere Gründe, wobei der wichtigste der ist, dass die Arbeitszeit eine universelle Messgröße ist, und weil ungleiche Entwicklungen in der Arbeitseffizienz die Hauptursache für das Einkommensgefälle zwischen reichen und armen Ländern sind. Für Westafrika wurde errechnet, dass die Bauern in der Savanne im Durchschnitt 1000 Stunden pro Jahr für die Beschaffung ihrer Nahrungsmittel brauchen, wohingegen die Reisbauern in Indochina 3000 Arbeitsstunden für eine weniger abwechslungsreiche und gehaltvolle Ernährung aufwenden.[30] Dennoch erscheint Südostasien auf den ersten Blick als die effizientere Wirtschaft, während Westafrika regelmäßig – und mit einer gewissen Berechtigung – als ein besonderer Problemfall beschrieben wird. Wir brauchen mehr gesicherte Erkenntnisse dieser Art, um zu einer gründlichen Neubewertung der theoretischen Grundlage unserer komparativen Urteile zu gelangen. Wie viel Arbeit ist notwendig, um die Grundbedürfnisse zu befriedigen – Nahrung, Kleidung, Licht, Wohnung, Kinderbetreuung, medizinische Versorgung usw.? Langfristig zählt nicht, ob Grundbedürfnisse befriedigt werden, sondern wie viel Zeit für andere Tätigkeiten (einschließlich weiterer fachlicher Spezialisierungen)

übrig bleibt, wenn sie befriedigt sind.[31] Derartige Messungen der
Zeitallokation müssten die Prioritäten der untersuchten Bevölkerungen berücksichtigen; und dabei ist zu bedenken, dass das
tägliche Leben in einem Dorf nach diffuseren Prinzipien organisiert ist als Taylors Produktionsstätte.[32]

Bei diesen Ausführungen über Lebensstandards in Westafrika
habe ich, zumindest anfänglich, Waren, Arbeitszeit und Sterblichkeit betont und damit die Perspektive der klassischen politischen Ökonomie eingenommen, wie sie in den Werken *Essay on
Population* von Malthus, *Reichtum der Nationen* oder *Das Kapital*
niedergelegt ist. Der Hauptvorteil der alten Wirtschaftstheorie
besteht darin, dass sie sich mit langfristigen Diskrepanzen in der
Produktionsleistung und nicht mit kurzfristigen marginalen
Wertzuwächsen befasst. Die westafrikanische Savanne hat im
zwanzigsten Jahrhundert zwar vom Handel profitiert, aber die
Region hat kaum Fortschritte bei der Industrialisierung gemacht.[33] Sie bleibt von der Weltwirtschaft abhängig, wodurch
sowohl alte als auch neue Formen der Risikoangst gefördert
werden. Infolgedessen bestehen Warenproduktion und Selbstversorgung in einer engen und flexiblen Symbiose weiter, und
Fortschritte in Richtung weitergehender Spezialisierung und
größerer Arbeitseffizienz werden behindert. Es bedarf vor allem
einer landwirtschaftlichen Revolution, damit die Wirtschaften
dieser Region die unsichtbare Grenze überwinden können, die
durch die Aufnahme in den immer größer werdenden Club der
Industrienationen markiert wird. Kommt es dazu nicht, wird die
Kommerzialisierung in Westafrika an eine stagnierende Produktion gebunden bleiben. Märkte hat es in den meisten bekannten
gesellschaftlichen Formationen gegeben; die Entwicklungsten-
denzen der Produktion hängen von der vorherrschenden Gesellschaftsstruktur und nicht von der Existenz der Märkte als
solcher ab. Die Gesellschaften der westafrikanischen Savanne
haben den modernen Handel erfolgreich in ihre Lebensgestaltung integriert. Die Aussichten auf Fortschritte in der Produk-

tion sind zwar klein, aber die Menschen haben weiterhin die Kontrolle über die Organisation ihrer Produktion und Distribution. Die Warenwirtschaft gehört heutzutage überall zum Leben der Menschen, aber die Märkte unterliegen einer im Wesentlichen konservativen sozialen Organisation. Die Sterblichkeitsrate ist zwar gesunken, aber in der Region herrscht noch immer furchtbare Armut. Die Wirtschaften der Savanne sind sehr anfällig für die Auf- und Abschwünge des Welthandels, aber in keinem Gebiet von vergleichbarer Größe gibt es eine derartige Freiheit und Gleichheit des bäuerlichen Eigentums. Angesichts dieser Widersprüche ist die Frage des Lebensstandards sehr kompliziert. Vielleicht ist der Einfluss der Warenwirtschaft auf den Lebensstandard in Industriegesellschaften wie Großbritannien deutlicher erkennbar. Doch auch hier werden wir aufgrund des komplexen Verhältnisses zwischen Warenproduktion und Selbstversorgung auf vergleichbare analytische Probleme stoßen.

Ausbreitung der Warenwirtschaft im industriellen Großbritannien

Die Dialektik von Warenproduktion und Nicht-Warenproduktion ist ein durchgehendes Merkmal der Industrialisierung in Volkswirtschaften wie der britischen. Doch die meisten ökonomischen Analysen konstruieren Modelle, die diesen zentralen Dualismus außer Acht lassen. Das Ergebnis ist, dass einfache Ideen in die Form empirischer Ökonomie gegossen werden. Diese oberflächliche Einstellung wird in der breiten Bevölkerung durch die Medien verstärkt, die sich mit Wechselkursen, Arbeitslosenzahlen und Aktienkursen beschäftigen. Eine derart übermäßige Vereinfachung verhindert die Herausbildung eines echten Verständnisses der Lebensstandardproblematik. Ich würde sogar noch weiter gehen: Kein Modell der ökonomischen

Entwicklung ist angemessen, wenn es nicht explizit auf die Zunahme der Warenwirtschaft in einer Welt eingeht, die teilweise nach anderen Prinzipien organisiert bleibt.[34] Wir sind geblendet vom analytischen Selbstbild der Wirtschaftswissenschaft und von Begriffen wie »Kapitalismus« und »Sozialismus«. Dabei vergisst man leicht, dass die normale ökonomische Erfahrung in einer wechselnden Kombination von Warenwirtschaft, Selbstversorgung und staatlicher Organisierung des Wirtschaftslebens besteht. Das zunehmende Eingreifen des Staates in die westlichen Volkswirtschaften seit dem Ersten Weltkrieg ist nicht Gegenstand dieses Beitrags, wohl aber das Eindringen der Warenwirtschaft in den häuslichen Lebensbereich.

Die textilproduzierende Bevölkerung von Lancashire im neunzehnten Jahrhundert hat unsere Vorstellung von der industriellen Arbeiterklasse stark beeinflusst, nicht zuletzt aufgrund der Beschreibungen von Marx und Engels. In der folgenden kurzen Skizze stelle ich Rossendale Valley vor, eine Ansammlung von Städten im Nordosten von Lancashire.[35] In einem Zeitraum von etwa 150 Jahren (ungefähr vom Ende der napoleonischen Kriege bis zur Gegenwart) war die Wirtschaft Rossendales von Textilfabriken beherrscht, die auf Kohlebasis arbeiteten. Davor war sie eine recht diversifizierte Mischung aus Viehwirtschaft, Fuhrunternehmen, mit Wasserkraft betriebenen Manufakturen und lokalen Märkten. Heute, in einer Zeit der Deindustrialisierung, bildet sie sich zu einer Art vorindustrieller Struktur zurück. Selbst auf dem Höhepunkt der industriellen Revolution hatte Rossendales Wirtschaft eine breiter gefächerte Basis als die seiner Nachbarn. Bemerkenswert ist vor allem, dass dieses Segment des Industrieproletariats anscheinend nie absolut von der Lohnarbeit abhängig war, sondern weiterhin einen eigenen Wirtschaftsbereich hatte, der die negativen Auswirkungen der Konjunkturabschwünge, wie Massenentlassungen, weitgehend auffing. Die Arbeitsteilung war insofern ungewöhnlich, als Frauen zuweilen doppelt so viele Lohnarbeiter stellten wie Männer; und die informelle Nachbarschaftshilfe ist in Gemeinschaften stark ausgeprägt, die fünf Generationen lang keine nennenswerte Zuwanderung erlebt haben. Darüber hinaus umfasste die Wirtschaft von Rossendale Tagebau- und Steinbruchaktivitäten in kleinem Maßstab, Viehhaltung (hauptsächlich Schafe, aber auch Geflügel), Fuhrunternehmen und Gaststätten, das Abhalten von Märkten sowie die illegale Verwertung von Gütern aus dem Umfeld der Fabrikproduktion. Der allgegenwärtige Einfluss der Natur – die Hügel von West Pennine uberragten die schmutzigen Städte in den Senken – fand seinen Ausdruck in der von Männern betriebenen Hundezucht (für die Jagd und für Rennen), die an frühere Zeiten erinnert, als das Gebiet noch königlicher Forst war. Die Form des Industriekapitalismus war überaus partikularistisch: Patriarchalische Fabrikbesitzer übten einen starken Einfluss auf die Identität des Gemeinwesens aus. Es wäre schwer, hier eine abstrakte Konfrontation zwischen den beiden großen Klassen zu finden – hier die Bourgeoisie, dort ein aller materiellen, sozialen und kulturellen Ressourcen beraubtes Proletariat.

Daraus folgt, dass die Konsumtion der Arbeiterfamilien nie ausschließlich von den Löhnen abhing. Ein extremes Beispiel ist die »Lancashire Cotton Famine« von 1861–64, als die Region aufgrund des amerikanischen Bürgerkrieges nur noch sehr unzureichend mit getrocknetem Rohmaterial beliefert wurde.[36] Viele Fabriken standen still, und vor allem in Städten, die stärker spezialisiert waren als Rossendale, erreichte das durch die Arbeitslosigkeit entstandene Elend katastrophale Ausmaße. Gleichwohl wäre der Schaden noch größer gewesen, wenn die Arbeiterklasse nicht auf eigene ökonomische Ressourcen hätte zurückgreifen können. Die Tatsache, dass die Arbeiter von Lancashire in dieser Krise politisch für den Norden und die Abschaffung der Sklaverei eintraten, während die Fabrikbesitzer das Parlament drängten, dem Süden bei der Durchbrechung der Blockade seiner Häfen zu helfen, zeugt von einer geistigen Unabhängigkeit, die eine materielle Grundlage außerhalb der Grenzen der dominierenden Ökonomie gehabt haben muss. Es ließen sich noch bis zum heutigen Tag viele Beispiele für die informelle Ökonomie in Großbritannien anführen.[37] Doch das bringt uns nicht weiter. Im Industriekapitalismus ist der Lebensstandard nur teilweise von den Löhnen abhängig. Die erwerbstätige Bevölkerung hat ihre eigenen ökonomischen Ressourcen aufgebaut, um zum einen die Schwankungen im Bereich der Lohnarbeit aufzufangen, und weil zum anderen die Löhne häufig unzureichend sind. Sie hat auch politische Bewegungen unterstützt, die die soziale Sicherheit zu einer staatlichen Aufgabe gemacht haben, so dass das Vorhandensein oder Nichtvorhandensein eines industriellen Wohlfahrtsstaates vielleicht den größten Gegensatz zwischen den Lebensbedingungen im Westen und Regionen wie der westafrikanischen Savanne ausmacht. Daher wird es nie damit getan sein, die Wirtschaftstheorie des Kapitalismus in einen empirischen Lebensstandard-Index zu übersetzen. Das bedeutet, dass sich die Probleme von Analyse und Messung, denen wir im ersten Teil über Westafrika begegnet sind, auch im Kernland des Industriekapitalismus stellen. Wie lässt sich eine Produktions- und Konsumtionsstruktur, die nur teilweise durch Warenwirtschaft gekennzeichnet ist, konzeptualisieren und erst recht quantifizieren?

Die Ausweitung der Warenwirtschaft war im Westen nicht mit der sprunghaften Zunahme der Fabriken im neunzehnten Jahrhundert beendet. Weitere Schübe des technologischen Fortschritts (und die damit verbundene Freisetzung von Arbeitskräften) haben das Verhältnis zwischen Lohnarbeit und häuslichem Bereich verändert, aber keineswegs immer in der gleichen Weise. Eine zweite industrielle Revolution in den Jahrzehnten vor dem Ersten Weltkrieg setzte eine Bewegung in Gang, deren Ziel der Ausschluss der Frauen aus dem Erwerbsleben war.[38] In dieser Zeit forderten und rechtfertigten die Parteien der organisierten Arbeiterschaft (darunter auch Europas größte Partei, nämlich die Deutsche Sozialdemokratische Partei) die Beschränkung der

Frauen auf den häuslichen Bereich, weil sie der Ansicht waren, es solle nicht das Privileg der Mittelschichtfamilien sein, dass sich eine Person ausschließlich um Heim und Familie kümmert. In den neuen, hochkapitalisierten Industrien (Stahlindustrie, Schiffbau, Chemieindustrie usw.) waren die männerdominierten Gewerkschaften stark vertreten, die in hohen Löhnen – ein Ergebnis der gestiegenen Arbeitsproduktivität – eine Chance sahen, ihren Familien neuartige Dinge zu ermöglichen. Die Schichtung der Arbeitsmärkte verlief (und verläuft noch immer) entlang der Geschlechtergrenze, doch die Entwicklungen, die darauf abzielten, die direkte Konkurrenz zwischen Männern und Frauen zu verringern, institutionalisierten eine besonders extreme Form der Arbeitsteilung und boten beiden Seiten die Möglichkeit, eine neotraditionelle Komplementarität zu rechtfertigen. So breitete sich die Unterscheidung von Ernährer und Hausfrau ab den 1880er Jahren in der gesamten westlichen Arbeiterklasse aus.

Diese Rollenverteilung war in Großbritannien bis mindestens in die 1950er Jahre hinein die unangefochtene Form der geschlechtsspezifischen Arbeitsteilung. So wie reiche Bauern als Statussymbol für ihren Wohlstand ihre Ehefrauen jahrhundertelang nicht auf den Feldern hatten arbeiten lassen, hielten es jetzt die Männer der unteren Mittelschicht und der besser gestellten Schicht der Arbeiterklasse für undenkbar, dass ihre Frauen in der Öffentlichkeit arbeiteten. Die eigentliche Mittelschicht trug dazu bei, diesem Modell sozusagen allgemeine Geltung zu verschaffen, da ihre einstigen Hausangestellten jetzt besser bezahlte Tätigkeiten übernahmen. Nur die höchsten und die niedrigsten Segmente der Gesellschaft waren von dieser Entwicklung ausgeschlossen, die auf der Vorstellung basierte, dass sich eine höhere Produktivität der Lohnarbeit in mehr Freizeit niederzuschlagen habe – in Form weniger, aber höher bezahlter Arbeitsstunden und der Befreiung der Hausfrauen von der industriellen Routinearbeit. In den letzten zwei Jahrzehnten ist diese neue soziale

Struktur rasch abgebaut worden – wenn auch nicht in der Praxis, so doch in der öffentlich verkündeten Ideologie.[39] In dieser Hinsicht bestand die Stoßrichtung der Frauenbewegung darin, die Rückkehr der Frauen ins Erwerbsleben zu fördern und die Ungleichheiten eines geschichteten Arbeitsmarktes anzuprangern (gleicher Lohn für gleiche Arbeit). Dies bedeutet eine Herabsetzung der Hausfrauenrolle und das Einfordern der Möglichkeit, als Lohnarbeiter ausgebeutet zu werden, was unsere Großmütter allein den Männern überließen. Ergänzend kam die Forderung nach Entlohnung der Hausarbeit hinzu.[40] Der nicht uninteressanteste Aspekt dieses Phänomens ist die Forderung nach Löhnen für das Nichtproduzieren von Waren, worin sich sowohl die Dominanz der Warenproduktion im gesellschaftlichen Leben als auch die Annahme widerspiegelt, ein solcher Lohn sei aus staatlichen Mitteln zu zahlen. In dem Maße, wie die Beschäftigung in der Industrie zurückgeht, wird der institutionelle Gegensatz zwischen dem Bezug eines Lohnes (wertvolle Bürger) und dem Bezug von staatlichen Unterstützungsgeldern (wertlose Bürger) zunehmend unter ideologischen Druck geraten. Doch in diesem Zusammenhang ist zu betonen, dass die »Entlohnung der Hausarbeit« die Aufmerksamkeit auf das Problem lenkt, wie denn der Geldwert von Hausarbeit zu messen sei.

Es ist möglich, die vielen Komponenten der täglichen Routineaufgaben einer Hausfrau in Dienste aufzugliedern, die von den entsprechenden Spezialisten am Markt erbracht werden – Chauffeur, Erzieher, Kindermädchen usw.[41] –, und ihre Kosten dann nach Marktpreisen zu veranschlagen. Das Ergebnis ist vorhersehbar: In einem Beispiel aus den Vereinigten Staaten ist der Warenwert dessen, was eine Hausfrau leistet, astronomisch hoch, nämlich 70–80 000 Dollar pro Jahr. Würde man die gleiche Berechnung für die westafrikanische Savanne anstellen, würde die ökonomische Rückständigkeit dieser Region über Nacht verschwinden. Aber wie wir gesehen haben, sind die Marktpreise selbst das Ergebnis der Interaktion zwischen Warenproduktion und Selbstversorgung. Wenn sich nur wenige Menschen spezielle Dienstleistungen leisten können, ist deren Preis hoch; und weil er hoch ist, müssen die meisten Menschen möglichst viel selbst tun. Doch wenn die Warenpreise aufgrund niedrigerer Produktionskosten und expandierender Märkte real fallen, können sich mehr Menschen Dinge leisten, die sie früher als Luxus für die Reichen betrachteten. Vor noch nicht allzu langer Zeit war das Essen im Restaurant für die meisten Menschen ein seltenes Ereignis. Jetzt, da »fast food« relativ billig ist, verbringen weniger Hausfrauen jeden Tag in der Küche. Dies erleichtert wiederum die Aufnahme einer bezahlten Arbeit; und mehr Einkommen bedeutet, dass die Familie es sich leisten kann, öfter auswärts zu essen. Wenn die Frauen außer Haus arbeiten, sind ihre Löhne natürlich wesentlich niedriger als der nominelle Wert ihrer Hausarbeit, was zum Teil daran liegt, dass die Frauenlöhne die Größe der unbezahlte Arbeit leistenden Reservearmee sowie die Annahme widerspiegeln, dass es in den betreffenden Haushalten mehrere Einkommen gibt. Zudem lassen sich die eingefahrenen Muster der geschlechtsspezifischen Arbeitsteilung nicht leicht aufbrechen, so dass viele häusliche Pflichten neben der Erwerbsarbeit in weniger Zeit erledigt werden müssen; einige von ihnen, genannt sei die Betreuung von Kindern im Vorschulalter, stellen für viele Frauen eine erhebliche Einschränkung dar.

Gleichwohl gibt es in den Industriegesellschaften die starke Tendenz, dass die Warenwirtschaft zunehmend in den häuslichen Bereich eindringt. Es wurde schon gesagt, dass Hausangestellte im alten Stil aufgrund der höheren Arbeitskosten in der britischen Volkswirtschaft faktisch keine Rolle mehr spielen. Die Rückkehr von Frauen auf den Arbeitsmarkt sollte im Kontext dieser langfristigen Tendenz der Erhöhung der Reallöhne und der Verbilligung von Waren gesehen werden. Dies sind Aspekte einer allgemeinen Steigerung der sozialen Produktivität, die die Grundlage des hohen Lebensstandards in den Industrieländern darstellt. Eine verbesserte Arbeitseffizienz führt zur Erhöhung der Löhne der Arbeitnehmer und senkt die Kosten für die Ersetzung unbezahlter Arbeit durch Waren. Die Gesamtnachfrage nach Lohnarbeitern mag unter diesen Umständen fallen, aber die Alternativkosten der Entscheidung, zu Hause zu bleiben, steigen generell. Das bedeutet, dass Frauen, die sich lieber selbst um ihre Kinder kümmern und selbst kochen, diese Aktivitäten jetzt moralisch aufwerten müssen. Es reicht nicht mehr, ein solches Leben mit dem Hinweis auf die traditionelle Arbeitsteilung zu rechtfertigen. Der dritte Schub industrieller Expansion, der nach dem Zweiten Weltkrieg einsetzte und durch einen beispiellosen Wohlstand und eine enorme Produktivität gekennzeichnet war, hat die Einstellung der meisten Männer und Frauen gegenüber der Arbeit im Haus und außer Haus verändert. Die Ausweitung der Warenwirtschaft erklärt, warum die Beschränkung der Frauen auf den häuslichen Bereich in Verruf geraten ist. Solche Überlegungen galten nie für die Reichen oder für die Armen; doch die große, flexible Mittelschicht der britischen Gesellschaft ist von dieser Trendwende stark betroffen, die die Grenzen zwischen der Familie und der Warenwelt einreißt.

Es ist schwer, Einigkeit über dieses jüngste Beispiel der Ausweitung der Warenwirtschaft zu erreichen. Die Einschätzungen ihrer Auswirkungen gehen noch mehr auseinander als die Erklärungen für die elende Lage der Armen in der Dritten Welt. Britische Kinder sind anscheinend der Ansicht, dass sich ihre Situation verbessert hat, weil sie häufig in Fastfood-Restaurants gehen. Vielen Eltern aus der Mittelschicht ist eine solche Barbarei ein Gräuel. Möglicherweise steht der Hamburger für den Todeskampf von Kapitalismus und Sozialismus. Doch für die Mehrheit der erwerbstätigen Bevölkerung erhöht sich der Lebensstandard insofern, als ihr die Ersetzung einiger häuslicher Aktivitäten durch Waren mehr Flexibilität in ihren »tatsächlichen Möglichkeiten und Fähigkeiten« ermöglicht. Vielleicht ist der Wert der Hausarbeit nicht mit Marktäquivalenten kommensurabel. Aber wir wissen, dass sich die beiden Bereiche direkt beeinflussen und dass die Ausweitung der Warenwirtschaft in der Geschichte der Industrialisierung bislang radikal unterschiedliche Vorstellungen von Familienleben hervorgebracht hat. Es wäre gut, wenn wir auch begreifen würden, dass unsere vorgefassten Meinungen durch diese großen Pendelausschläge der westlichen Kultur geprägt worden sind, bevor wir unsere Untersuchung auf die wissenschaftliche Messung des Lebensstandards reduzieren.

Schlussfolgerungen

1. Die Ausbreitung der Warenwirtschaft kennzeichnet in neuerer Zeit sowohl Großbritannien als auch die westafrikanische Savanne. Der Hauptunterschied liegt jedoch darin, dass sie in einem Fall von einer Industrialisierung begleitet war und im anderen nicht. Infolgedessen hat die dominierende Wirtschaftsstruktur unterschiedlichen Charakter und spielen die Märkte im sozialen Leben eine gegensätzliche Rolle. Es hat den Anschein, als seien die institutionellen Reaktionen der erwerbstätigen Bevölkerung in beiden Regionen recht ähnlich, da die Selbstversorgung zur Gewährleistung der langfristigen Sicherheit in beiden eine große Rolle spielt. Einen krassen Unterschied gibt es beim Lebensstandard in Westafrika und in Großbritannien, weil es Westafrika nicht gelungen ist, einen Weg einzuschlagen, bei dem steigende Arbeitseffizienz zu höheren Reallöhnen führt.

2. Der Prozess der Ausbreitung der Warenwirtschaft vollzieht sich überall sehr ungleichmäßig, wobei das Verhältnis von Warenproduktion und Selbstversorgung starken Veränderungen unterliegt. Obwohl sich die Weltmärkte und die Arbeitsteilung insbesondere seit 1945 beträchtlich entwickelt haben, sind Konjunkturabschwünge eine gängige Erfahrung. Sie treffen die In-

dustriegesellschaften und die vorindustriellen Gesellschaften mitunter mit der gleichen Härte, wie sich im Fall der westafrikanischen Savanne und Lancashires im neunzehnten Jahrhundert gezeigt hat. Gerade in Krisenzeiten ist die Fähigkeit einer Bevölkerung, auf die Mittel zur Selbstversorgung zurückzugreifen, überaus wichtig.

3. Daraus folgt, dass Selbstversorgungsstrukturen für die meisten Menschen ebenso bedeutsam sind wie Märkte. Ich habe darauf hingewiesen, dass es angesichts des schwankenden Verhältnisses zwischen den beiden Bereichen einem Zirkelschluss gleichkommt und irreführend ist, den Beitrag der Nichtwaren-Sphäre zum Lebensstandard anhand von Marktpreisen zu messen. Unter vorindustriellen Bedingungen ist es recht wahrscheinlich, dass die Organisationsprinzipien, welche den häuslichen und den öffentlichen Bereich prägen, auch das Funktionieren der Märkte bestimmen, während in Industriegesellschaften eher das Gegenteil zutrifft.[42]

4. Als Gegenstand wissenschaftlicher Untersuchung ist der Begriff »Lebensstandard« an sich problematisch. In ihrer abstraktesten Form dreht sich die Diskussion um die Auswirkungen des Industriekapitalismus oder, wie ich es formuliert habe, der Ausbreitung der Warenwirtschaft auf das Wohlergehen der Menschen. Sozialwissenschaftler, die sich mit der Armut in der Dritten Welt befassen, sind in der Frage gespalten, ob diese Gesellschaften mehr oder weniger von dem westlichen Wirtschaftsmodell benötigen (also das ganze »bürgerliche Paket«, das sich in Kapital, Städten, Märkten, Wissenschaft und dergleichen darstellt). Wenn unsere Argumente mehr sein sollen als säkulare Theologie oder Propaganda für unsere halbgaren Vorurteile, dann müssen sie auf konkreten historischen Untersuchungen basieren. Mit hypothetischen Beispielen von Philosophen ist es ebenso wenig getan wie mit Indifferenzkurven von Ökonomen.

Bernard Williams

DER LEBENSSTANDARD:
INTERESSEN UND FÄHIGKEITEN

Ich stimme vielem, was Amartya Sen gesagt hat, zu, insbesondere dem von ihm vertretenen methodologischen Prinzip, dass es besser sei, eine vage Vorstellung vom Richtigen als eine präzise Vorstellung vom Falschen zu entwickeln. Auch seine wesentliche Schlussfolgerung kann ich nur begrüßen: dass wir bei der Erörterung dieser Fragen mit Begriffen wie Fähigkeiten arbeiten sollten. Was Fähigkeiten sind, wirft für mich allerdings einige Probleme auf. Manche von ihnen ergeben sich aus Sens Formulierungen, andere stellen sich für jeden von uns.

Zunächst möchte ich auf die Frage eingehen, was mit dem Ausdruck »Lebensstandard« eigentlich gemeint ist, ohne sie allzu ausführlich zu behandeln. Es handelt sich hierbei teilweise um eine Frage der Formulierung, aber Sen legt meiner Ansicht nach in seinen Vorlesungen dar, dass es auch um Inhalte geht. Wie Sen sagt, ist der »Lebensstandard« kein Kunstbegriff. Er stellt einen seit langem verwendeten Begriff dar, und diesem Umstand hat die Analyse Rechnung zu tragen. Doch ich meine, wir sollten vorsichtig sein, wenn wir Intuitionen in Bezug auf das, was in diesem Bereich wirklich wichtig ist, anhand des etablierten Gebrauchs dieses Ausdrucks überprüfen, denn dieser Ausdruck ist möglicherweise mit Überlegungen assoziiert oder durch Überlegungen beeinflusst, die Sen und andere nicht für zentral halten. Der Ausdruck Lebensstandard kann insbesondere mit Wohlstand assoziiert sein – wofür es historische und soziale Gründe geben mag –, so dass in der Zeit, in der dieser Ausdruck populär wurde, die Vorstellung vorherrschend war, Wohlergehen sei vor allem an Wohlstand gekoppelt. Daher könnte es sein, dass dieser Ausdruck aus historischen Gründen mit Assoziationen befrachtet ist, von denen wir ihn aus allgemeinen methodologischen Gründen befreien sollten. Zudem ist möglicherweise unklar, bis zu welchem Grad er befrachtet ist, so dass wir nicht einmal eine klare Vorgabe für die Beseitigung dieser Assoziationen haben.

Meiner Ansicht nach sollten in diesem Zusammenhang drei Dinge voneinander unterschieden werden. In seiner zweiten Vorlesung verweist Sen auf die Unterscheidung zwischen dem, was Pigou »wirtschaftliche Wohlfahrt« und »gesamte Wohlfahrt« nannte, und erwähnt die (von Pigou auch angesprochene) Tatsache, dass die Idee der gesamten Wohlfahrt auch die Befriedigung altruistischer Bedürfnisse einschließen kann, wohingegen die wirtschaftliche Wohlfahrt die Befriedigung derartiger Bedürfnisse nicht einschließt. Eine weitere Unterscheidung ist sehr eng mit dem verbunden, was Sen in seiner zweiten Vorlesung als die »Unterscheidung des Aschoka« bezeichnete. Aschoka wies darauf hin, dass man durch das Unglück beeinträchtigt werden kann, das einem anderen Menschen widerfährt, auch wenn man selbst »gut versorgt ist«. Auch dies wirft ein Licht auf den Unterschied zwischen dem Begriff Lebensstandard und dem Begriff allgemeines Wohlergehen.

Wir haben es hier folglich mit mehreren Ausdrücken zu tun: »gesamte Wohlfahrt«, »wirtschaftliche Wohlfahrt«, »Lebensstandard« und »Wohlergehen«. Es ist nicht so wichtig, was wir mit diesen vier Ausdrücken tun, solange wir Klarheit darüber haben, was wir mit ihnen tun, und genau das möchte Sen erreichen. Ich meine, wir sollten drei Ideen voneinander unterscheiden. Die erste bezieht sich auf alles, was ein Mensch aus bestimmten Gründen befürwortet oder fördert – alles, was er oder sie aus welchen Gründen auch immer befürwortet oder was er für sich selbst oder für die Gesellschaft oder in irgendeinem anderen Zusammenhang wünscht. Die zweite Idee ist die gleiche wie die erste, abzüglich all der Wünsche oder Ziele, die

tatsächliche Möglichkeit zwangsläufig eine wesentliche oder relevante Fähigkeit impliziert. Es ist freilich nahe liegender, den Zusammenhang zwischen tatsächlichen Möglichkeiten und Fähigkeiten aufrechtzuerhalten, als zu sagen, dass das Singen des Verrückten im relevanten Sinne kein Beispiel für eine tatsächliche Möglichkeit darstellt. Um sicherzustellen, dass bestimmte Verhaltensweisen Beispiele für bestimmte tatsächliche Möglichkeiten darstellen, müssen wir annehmen, dass sie Ausdruck einer relevanten Fähigkeit sind.

Es gibt mehrere wichtige Fragen in Bezug auf die Art und Weise, in der eine Fähigkeit mit einer Möglichkeit verbunden ist. In Bezug auf die Fähigkeiten in dem Sinne, wie Sen diesen Begriff verwendet, möchte ich vier Fragen stellen. Ich werde versuchen, auf eine oder zwei Fragen Antworten zu geben, wobei mir allerdings nicht klar ist, wie sie zu systematisieren sind, während ich in den anderen Fällen die Antwort nicht kenne.

Die erste Frage lautet: Wenn jemand eine Fähigkeit besitzt, muss er dann auch die Fähigkeit oder die Chance haben, freie Entscheidungen zu treffen? Die Antwort scheint zu sein, dass er in manchen Fällen diese Chance haben muss, wenn die Möglichkeit überhaupt als Fähigkeit zählen soll. Angenommen, ich lebe in der Republik Authoritanien. In Authoritanien bekommen wir alle einen vom Staat finanzierten Urlaub, aber wir werden in einen bestimmten Ferienort geschickt. Jedes Jahr werde ich in den schönen Ferienort Chernenkograd geschickt. Habe ich die Fähigkeit, nach Chernenkograd zu fahren? Nun, ich gehe dorthin, folglich kann ich dorthin gehen; wäre die Fähigkeit nur an die Möglichkeit gebunden, hätte ich die Fähigkeit. Doch niemand würde dies eine Fähigkeit im relevanten Sinne nennen. Man könnte sagen, dass es sich zwar um eine Fähigkeit handelt, aber nicht um eine, an der wir in relevanter Weise interessiert sind: Es ist die Fähigkeit, nach Chernenkograd zu fahren, aber das ist auch alles, und das ist nicht genug. Nehmen wir an, das Regime wird ein wenig liberaler, und ich fahre nicht immer nach Chernenkograd – in manchen Jahren werde ich dorthin, in anderen woandershin geschickt. Habe ich jetzt die Fähigkeit, an irgendeinen Ort zu fahren? Sicherlich nicht im Sinne einer »Fähigkeit«, die mein Wohlergehen maßgeblich beeinflusst. In einem solchen Fall muss ich die Chance haben, eine freie Entscheidung zu treffen. Dies wirft sogleich die Frage auf, ob meine Fähigkeiten mit der Zahl der Entscheidungen wachsen, die mir offen stehen. Auf diese Frage werde ich in Kürze zurückkommen.

Die erste Frage lautet also: Erfordern Fähigkeiten die Chance oder das Vermögen, freie Entscheidungen zu treffen? Die Antwort scheint zu sein, dass dies zumindest für einige zutrifft. Die zweite Frage lautet: Erfordern *alle* Fähigkeiten die Chance oder das Vermögen, freie Entscheidungen zu treffen? Die Antwort könnte ›nein‹ lauten, wenn man Sen folgt, denn er führt in seiner zweiten Vorlesung bei dem Vergleich zwischen dem Lebensstandard in Indien und in China die Tatsache an, dass die Lebenserwartung in China höher ist als in Indien. Er interpretiert die Bedeutsamkeit der Lebenserwartung für den Lebensstandard im Sinne einer Fähigkeit. Doch welche Fähigkeit wird durch eine höhere Lebenserwartung vergrößert? Es ist schwer einzusehen, was dies mit einer größeren Entscheidungsfreiheit zu tun haben könnte, zumindest mit einer Entscheidungsfreiheit in Bezug auf Leben und Tod: Es wäre schon sehr merkwürdig, wenn man annehmen würde, dass eine höhere Lebenserwartung etwas zu meinem Wohlergehen oder meinem Lebensstandard beiträgt, weil sie mir mehr Zeit gibt, mir zu überlegen, ob ich Selbstmord begehen soll oder nicht. (Angenommen, in der Gesellschaft sei schon der Gedanke an Selbstmord stark verpönt. Würde man den Lebensstandard der Menschen beziehungsweise ihr Wohlergehen dadurch steigern, dass man diese Einstellung ändert, so dass die Menschen eher bereit sind, sich für Selbstmord zu entscheiden?) Es sieht nicht so aus, als sei alles, was Sen als Fähigkeit bezeichnet, mit Entscheidungsfreiheit verbunden, zumindest nicht direkt. Eine Fähigkeit muss sicherlich nicht mit einer

sollten wir die Kosten eines Tuns bedenken, wenn wir zu einem Urteil darüber gelangen wollen, ob jemand die Fähigkeit zu einem bestimmten Tun hat? Ist es beispielsweise der Fall, dass ich den Winter in Cortina d'Ampezzo verbringen kann? Nun, ich *kann* den Winter durchaus an diesem Ferienort verbringen: Es würde nur bedeuten, dass ich meine Familie verlasse, meinen Arbeitsplatz aufgebe, eine Hypothek auf mein Haus aufnehme und mein Konto total überziehe. Ich kann also wegfahren, doch das ist mit sehr hohen Kosten verbunden. Ist das eine Fähigkeit? Hier verhält es sich wie bei dem Menschen in Los Angeles, der frische Luft atmen kann, dies aber irgendwo anders tun muss, was natürlich kostspielig ist.

Aus alledem ergeben sich zwei Punkte, die darauf verweisen, dass die Ausführungen über Fähigkeiten einer Ergänzung bedürfen. Zum einen ist sehr fraglich, ob man Fähigkeiten einzeln betrachten kann: Man muss auch über Fähigkeiten nachdenken, die gleichzeitig realisierbar sein müssen, und die sozialen Umstände berücksichtigen, unter denen die Menschen verschiedene Arten von Fähigkeiten erwerben. Dies steht im Zusammenhang sowohl mit dem »Bloppo«-Problem, der Herstellung von Fähigkeiten durch triviale Mittel, als auch mit dem letztgenannten Punkt, nämlich den Kosten, die mit der Verwirklichung einer potentiellen Fähigkeit auf Kosten anderer Fähigkeiten verbunden sind – wie am Beispiel des Wintersportortes aufgezeigt.

Wenn ich Sen richtig verstanden habe, wird er nichts gegen den ersten Punkt einzuwenden haben, der als eine weiterführende Ergänzung von Sens These begriffen werden kann und insgesamt seiner Auffassung entspricht. Der zweite Punkt könnte ihm mehr Schwierigkeiten bereiten. Das ist die sicherlich auch von anderen vertretene Ansicht, dass diese Probleme nicht durch Bezugnahme allein auf die Fähigkeiten zu lösen sind, sondern dass der Begriff eines Rechts eingeführt werden muss. Dann könnte sich herausstellen, dass der scheinbar unschuldige und deskriptive Begriff Lebensstandard oder Wohlergehen

Überlegungen in Bezug auf jene Güter beinhaltet, auf die Menschen unserer Ansicht nach ein Grundrecht haben. So glauben wir in der Tat, dass die Menschen ein Grundrecht auf das Atmen sauberer Luft haben, ohne sich an einen anderen Ort begeben zu müssen, wohingegen wir nicht glauben, dass sie ein ähnliches Recht auf einen kostspieligen Winterurlaub haben. Ich bin nicht sehr glücklich darüber, Rechte als Ausgangspunkt zu nehmen. Der Begriff eines Grundrechts erscheint mir reichlich unklar, und ich würde die Sache eigentlich lieber aus der Perspektive menschlicher Grundfähigkeiten betrachten. Ich würde Fähigkeiten den Vorzug geben und lieber auf eine Sprache oder Rhetorik der Rechte verzichten, anstatt sie einzuführen. Dennoch bleibt meines Erachtens das ungelöste Problem, wie das Verhältnis zwischen diesen Begriffen zu sehen ist.

Die Fragen, die ich im Zusammenhang mit Fähigkeiten aufgeworfen habe, lassen es angebracht erscheinen, die Arten von Fähigkeiten einzugrenzen, die wirklich ins Gewicht fallen, wenn es um das Verhältnis von Fähigkeiten einerseits und Wohlergehen oder Lebensstandard andererseits geht. Ich habe einen Anfang gemacht, indem ich von *Grundfähigkeiten* sprach, und ich halte es für schwierig, in dieser Diskussion den Begriff einer Grundfähigkeit beziehungsweise (wenn das, was ich zuvor erwähnt habe, akzeptiert wird) verschiedener Grundfähigkeiten zu vermeiden.

Wie sollen diese Eingrenzungen vorgenommen werden? Bislang ergaben sie sich aus der Natur oder der Konvention oder aus einer komplexen Kombination von beiden. Sen führt das hervorragende Beispiel von Adam Smith von dem Mann im Leinenhemd an, der sich aufgrund der in seiner Gesellschaft geltenden Regeln und Erwartungen nur dann ohne Scham in der Öffentlichkeit zeigen kann, wenn er ein Leinenhemd besitzt, und Sen meint, dass hier eine Veränderlichkeit im Bereich der Waren einer Unveränderlichkeit im Bereich der Fähigkeiten entsprechen kann. Was man braucht, um sich ohne Scham in der

Dies kann anhand einer Theorie der realen Interessen geschehen; zumindest bislang hat sich eine solche Kritik auf eine Theorie der realen Interessen gestützt, die wiederum auf Theorien über die menschliche Natur oder auf dem basieren kann, was wir als Grundfähigkeiten, grundlegende Interessen usw. bezeichnen.

Ich komme folglich zu dem Schluss, dass der Fähigkeitsbegriff einen sehr wichtigen Beitrag zur Reflexion über die Frage der menschlichen Interessen leistet und uns ein gutes Stück weiter bringt als der engere Begriff der wirtschaftlichen Interessen oder des Lebensstandards in seiner konventionelleren Fassung. Darin stimme ich voll und ganz mit Sen überein. Gleichwohl gibt es im Zusammenhang mit der Frage, was eine Fähigkeit ist, viele Probleme, die nicht ohne weitere theoretische Anstrengungen lösbar sind. Wir haben zu fragen, welche Sachverhalte sich aus der menschlichen Natur ergeben und wie wir lokale Konventionen interpretieren sollten. Diese Fragen verweisen zurück auf einige traditionelle, aber noch immer sehr drängende Probleme in Bezug auf solche Dinge wie reale Interessen.

Amartya Sen

ERWIDERUNG

Ich bin den beiden hervorragenden Kollegen für ihre überaus ansprechenden und anregenden (sowie freundlichen) Kommentare zu meinen »Tanner Lectures« sehr dankbar. Sie haben eine Reihe von interessanten und wichtigen Fragen aufgeworfen, und meine Erwiderung wird sich auf einige wenige konzentrieren. Ich habe diejenigen Punkte ausgesucht, bei denen ich den Ausführungen meiner Kollegen möglicherweise etwas hinzuzufügen habe.

Der Beitrag von Keith Hart wirft eine Reihe von interessanten Fragen auf und bietet eine nützliche und wichtige Analyse des Lebensstandards, der vor allem aus der Perspektive der Produktion und Konsumtion dessen betrachtet wird, was er als »Waren« bezeichnet. Mir ist die Relevanz seiner Argumentation durchaus klar, wenngleich ich darauf hinweisen möchte, dass er den Begriff »Waren« etwas anders verwendet als in der modernen Wirtschaftswissenschaft üblich. Was er »Selbstversorgung« (im Gegensatz zu »Warenproduktion«) nennt, kann auch das einschließen, was in der Fachsprache der modernen Wirtschaftswissenschaft als »Waren« bezeichnet wird (z. B. Nahrungsmittel, die in der Familie für die eigene Konsumtion hergestellt werden). Doch ist dieser »formelle« Punkt geklärt, ist völlig klar, was Hart mit seinen Ausführungen sagen will.

Hart weist darauf hin, dass sein Ansatz »der Wirtschaftsanalyse des Mainstreams näher zu stehen scheint als Sens Ansatz«. Ich bin mir nicht sicher, ob dieser Gegensatz wirklich so klar ist. Er sagt, dass »die Entwicklung der Arbeitsproduktivität der Schlüssel zur Verbesserung des Lebensstandards ist«. Dies scheint eher eine Aussage über die Ursache von Veränderungen des Lebens-

Erwiderung

Ich empfinde es nicht als beunruhigend, dass sich einige dieser Bewertungsfragen als schwierig, umstritten und vielleicht sogar unlösbar herausstellen (und daher zu *partiellen Rangordnungen* von Lebensstandards führen). An anderer Stelle habe ich gesagt, dass »es sich bei dem um tatsächliche Möglichkeiten zentrierten Ansatz letztlich um eine Bewertung handelt« (1985a: 32), doch dies mindert nicht die Bedeutung des »Raumes«, in dem eine Konzentration auf »tatsächliche Möglichkeiten« und »Fähigkeiten« stattfindet. Auch werden dadurch keineswegs nutzenorientierte Ansätze rehabilitiert. Der utilitaristische Ansatz impliziert ebenfalls eine Bewertung, und zwar einer angeblich homogenen Größe (nämlich des Nutzens). Man muss sehen, dass auch hier eine explizite oder implizite Bewertung stattfindet, wenngleich die Bewertungsfunktion in einer gleichförmigen und schlichten Form daherkommt (und sogar als Erfassen von Identitäten betrachtet werden kann). Die den »tatsächlichen Möglichkeiten« und »Fähigkeiten« immanente Pluralität ändert nichts an der fundamentalen Notwendigkeit einer Bewertung, und die homogene Singularität des Nutzens – so dieser Ansatz denn richtig wäre – ändert ebenfalls nichts an dieser grundlegenden Notwendigkeit. Williams betont also zu Recht, dass Bewertungen eine Mischung aus »Natur« und »Konvention« darstellen müssen.[1]

Die Anerkennung der Notwendigkeit von Bewertungen ermöglicht auch die Unterscheidung, ob Fähigkeiten *vergrößert* oder *verringert* werden, wenn, wie von Williams dargestellt, ein neues Waschmittel mit dem Namen »Bloppo« eingeführt wird. Die Frage ist nicht so sehr, »was eine Fähigkeit ist«, sondern, wie verschiedene Fähigkeiten zu bewerten sind. Viele Fähigkeiten sind belanglos und wertlos, während andere wesentlich und wichtig sind. Die Konzentration auf den Raum der tatsächlichen Möglichkeiten und der Fähigkeiten beseitigt nicht die Notwendigkeit derartiger Bewertungen im Zusammenhang mit der Beurteilung des Lebensstandards von Einzelpersonen, Haushalten und Ländern. Es geht meiner Ansicht nach auch nicht darum, »die Arten von Fähigkeiten einzugrenzen, die wirklich ins Gewicht fallen«. Gefragt ist eine differenzierte Bewertung unterschiedlicher Fähigkeiten, deren Qualitätsskala von äußerst wichtig bis völlig belanglos reicht. Der Beitrag von »Bloppo« liegt wohl klar am unteren Ende der Skala, doch es gibt auch komplexere Fälle.

Das, was Williams als *»Grundfähigkeiten«* bezeichnet, ist nicht so sehr für die Klassifizierung von Lebensstandards als vielmehr für die Bestimmung des Entscheidungspunktes relevant, der die Feststellung von Armut und Deprivation ermöglicht.[2] Dies nimmt insofern die Form einer »Eingrenzung« an, als wir nach einem Punkt suchen, der uns die Entscheidung ermöglicht, ob Menschen arm sind oder nicht. Nehmen wir dagegen eine *Klassifizierung* von Lebensstandards vor, benötigen wir eine differenziertere Bewertung. Williams fragt, ob »der Begriff eines Grundrechts« für die Beurteilung des Lebensstandards hilfreich sein kann. Ich glaube nicht, dass er besonders hilfreich für die *Klassifizierung* von Lebensstandards sein kann, aber im spezifischen Kontext der Einschätzung von Armut und Deprivation kann er sehr bedeutsam sein.

Nun zu Williams' Auffassung, wir müssten unser Augenmerk auf »Fähigkeiten richten, die gleichzeitig realisierbar sein müssen«. Sie findet meine uneingeschränkte Unterstützung. Das Erreichen tatsächlicher Möglichkeiten muss tatsächlich immer als n-Tupel gesehen werden (die manchmal, aber nicht immer als Vektoren darstellbar sind), und Fähigkeiten müssen als *Bündel* von n-Tupel gesehen werden. In diesem »multidimensionalen« Rahmen ist es nicht sonderlich problematisch, die Fähigkeit des Einwohners von Los Angeles zu betrachten, saubere Luft zu atmen. Wenn sich dieser Mensch auf der Suche nach frischer Luft an einen anderen Ort begibt, muss diese Alternative als das Post-Migrations-n-Tupel *aller* tatsächlichen Möglichkeiten gesehen werden. Die Dinge, die klassifiziert werden, sind n-Tupel von tatsächlichen Möglichkeiten und Bündel solcher n-Tupel, sprich, Fähigkeiten (Sen 1985a: Kapitel 2, 6, 7).

Sehr nützlich ist die von Williams vorgenommene dreifache Unterscheidung: 1. alles, was ein Mensch aus guten Gründen unterstützt oder fördert; 2. *das*, »abzüglich all der Wünsche oder Ziele, die sich nicht auf den Menschen selbst beziehen«; 3. »der Begriff der wirtschaftlichen Interessen eines Menschen«. Williams meint, es seien in erster Linie die wirtschaftlichen Interessen, »die mit dem Ausdruck Lebensstandard verknüpft sind«. Für diese Diagnose spricht meines Erachtens einiges. (Diese Position kommt derjenigen recht nahe, die ich in Sen 1984b vertreten habe.) Gleichwohl bin ich von ihr nicht völlig überzeugt, da die Lebensqualität und das, was als erreichter Lebensstandard beschrieben werden kann, durchaus andere als rein ökonomische Faktoren einschließen kann. Wenn jemand beispielsweise an einer unheilbaren Krankheit leidet, muss dies eindeutig als eine Verringerung des Lebensstandards betrachtet werden (mit der auch eine Verringerung der Lebens-»Quantität« verbunden ist), und dies hängt nicht nur von ökonomischen Einflüssen ab. Hier kann man unterschiedlicher Auffassung sein, und wie ich in meinen Vorlesungen sagte, habe ich die Pigou'sche Konzentration auf das rein »Ökonomische« zugunsten einer weiter gefassten Charakterisierung des Lebensstandards aufgegeben. Wobei es allerdings möglich ist, dass ich den Begriff *überdehnt* habe. Williams ist der Meinung, bei meiner Auffassung von Lebensstandard gehe es mehr um »Wohlergehen als um den engeren Begriff der wirtschaftlichen Interessen«. Ich glaube zwar, dass der Lebensstandard mehr umfasst als wirtschaftliche Interessen, aber ich glaube auch, dass es einen Unterschied zwischen »Wohlergehen« und »Lebensstandard« gibt. Meiner Ansicht nach ist er *zwischen* Williams' Kategorie 2 und Kategorie 3 angesiedelt.

Kategorie 2 umfasst alle Gründe, die mit dem eigenen Wohlergehen verbunden sind. Einige dieser Verbindungen sind direkter Natur, etwa die eigene Versorgung mit Nahrungsmitteln, andere indirekter Natur, etwa das Eintreten für die Beseitigung von Armut mit der Begründung, es tue einem weh, andere Menschen im Elend zu sehen. Meine Definition des Lebensstandards wollte Gründe der letztgenannten Art ausklammern, die sich hauptsächlich auf das Leben anderer beziehen, die erstgenannten jedoch berücksichtigen, die sich direkt auf das eigene Leben beziehen. Wenn die zwischen 2 und 3 liegende Kategorie 2* genannt wird, dann markiert 2* eine Grenze: Der »Lebensstandard« ist zwischen Williams' Kategorie 2 der »ich-zentrierten Dinge« und Kategorie 3 der »wirtschaftlichen Interessen« angesiedelt. Sieht man den Lebensstandard eines Menschen umfassender, als es Kategorie 3 von Williams tut, räumt man damit ein, dass es auch nicht-ökonomische Faktoren gibt, die das Leben eines Menschen direkt beeinflussen (z. B. das Fehlen von Krankheiten), so dass der Lebensstandard mehr beinhaltet als wirtschaftliche Interessen.[3]

Es ist schwer zu sagen, ob man alles genau richtig eingeordnet hat, aber Williams betont zu Recht, dass die Nützlichkeit einer bestimmten Definition des Lebensstandards sehr davon abhängt, welchen Gebrauch man von ihr zu machen gedenkt. Ich halte Williams' Kategorien durchaus für nützlich, aber ich bin der Auffassung, dass auch einiges dafür spricht, die Zwischenkategorie 2* als eine relevante Charakterisierung des Lebensstandards zu verwenden.[4]

Zum Schluss möchte ich kurz auf Williams' sehr interessantes Argument eingehen, eine Fähigkeit, etwas zu tun, müsse auch die Fähigkeit implizieren, das *Gegenteil* zu tun. Dies ist wirklich ein starkes Argument, aber ich bin mir nicht sicher, welcher Schluss daraus zu ziehen ist. Manchmal haben wir die Fähigkeit, Dinge in einem genuinen Sinn zu tun, ohne in der Lage zu sein, das Gegenteil zu tun. Ann mag etwa in der Lage sein, Bill nicht zu heiraten, wenn sie sich dazu (ungeachtet dessen, was Bill möchte) entschließt, aber das impliziert nicht, dass sie in der Lage ist, Bill zu heiraten (das heißt, Bill *nicht nicht* zu heiraten), wenn sie sich dazu (unabhängig von Bills Ansichten) entschließt. Ebenso mag Bill in der Lage sein, seinem Leben ein Ende zu setzen, wann immer er sich dazu entschließt, ohne immer in der Lage zu sein, weiterzuleben. Manchen Fähigkeiten wohnt eine natürliche Asymmetrie inne, und es wäre wenig sinnvoll, darauf zu bestehen, dass eine bestimmte Fähigkeit nur dann eine reale sein kann, wenn sie die Fähigkeit impliziert, das Gegenteil zu tun.

Welche Alternativen es gibt, muss selbstverständlich in das einfließen, was ich in den Vorlesungen als »verfeinerte« Charakterisierung tatsächlicher Möglichkeiten bezeichnet habe (siehe auch Sen 1985a, 1985b). Wenn jemand fastet und eine Alternative dazu hat, ist das etwas ganz anderes, als wenn jemand hungert und keine Alternative dazu hat. Meiner Ansicht nach ist es wichtig, zu untersuchen, welche Alternativen existieren, und dies ist ein wesentlicher Bestandteil der »verfeinerten« Charakterisierung tatsächlicher Möglichkeiten.[5] Doch generell lässt sich die Annahme in Frage stellen, dass die Fähigkeit einer Person, x zu tun, unbedingt ihre Fähigkeit implizieren *muss*, x *nicht* zu tun. Man kann in der Lage sein, x zu tun, wann immer man sich dazu entschließt, aber die Bemühungen, x *nicht* zu tun, können manchmal erfolgreich sein und manchmal nicht. In einer derartigen Situation hat eine Person die Fähigkeit, x zu erreichen, aber *nicht* die vollständige Fähigkeit, x *nicht* zu erreichen.

Williams weist darauf hin, dass der Ansatz zur Bewertung des Lebensstandards, den ich hier vorgestellt habe, weiterhin »viele Probleme« aufwirft, die »nicht ohne weitere theoretische Anstrengungen lösbar sind«. Dem stimme ich voll und ganz zu; am Ende meiner Vorlesungen hatte ich gesagt, dass »vor uns noch ein langer Weg liegt«. Auch wenn der grundlegende Ansatz, der auf tatsächliche Möglichkeiten und Fähigkeiten abhebt, akzeptiert wird (was aus den von mir vorgetragenen Gründen der Fall sein sollte), sind noch viele schwierige und verwickelte Fragen zu beantworten. Aber wie die aufschlussreichen Kommentare von Williams und Hart zeigen, lassen sich viele dieser Fragen auf konstruktive Weise behandeln, wodurch neue Erkenntnisse möglich werden. Mehr hätte ich mir nicht wünschen können, und dafür bin ich dankbar.

ANMERKUNGEN

Einleitung

1 Ich danke Nick von Tunzelmann dafür, dass er mich auf diesen Beitrag aufmerksam gemacht und es mir ermöglicht hat, mich mit der ganzen Diskussion vertraut zu machen. Tunzelmann (1985) bringt viele wichtige Literaturhinweise zu diesem Thema. Auch Roderick Floud danke ich dafür, dass er mich auf seine Arbeiten aufmerksam gemacht hat.

2 Dieses Beispiel stammt aus der Vorlesung »Poverty: current theories and policies«, die Peter Townsend im März 1986 an der Universität Warwick gehalten und deren Text er mir freundlicherweise überlassen hat. Die Forschungsarbeiten, auf denen sie beruht und an denen Townsend selbst beteiligt ist, betreffen Armut und den Arbeitsmarkt in London im Jahre 1986.

3 Diese Frage »vorgeordnet« zu nennen, mag als »Atomismus« erscheinen, also als jener Glaube an dem Anarchismus zuneigende bindungslose Subjekte und voraussetzungslose Träger von Rechten, der den Ökonomen von vielen Nicht-Ökonomen unterstellt wird und dem einige Ökonomen tatsächlich häufig anzuhängen scheinen. Daher sollte darauf hingewiesen werden, dass selbst die nachdrücklichsten Kritiker eines derartigen Atomismus darin übereinstimmen, dass das Selbst der Ausgangspunkt zu sein hat; sie betonen lediglich, dass »das freie Individuum sich nicht nur mit seinen individuellen Entscheidungen und den daraus hervorgehenden Zusammenhängen beschäftigen und die Matrix vernachlässigen darf, innerhalb derer solche Entscheidungen offen oder geschlossen, reich oder arm an Möglichkeiten sein können«; und dass »das gute Funktionieren bestimmter Aktivitäten und Institutionen der Gesellschaft für den Einzelnen wichtig ist« (Taylor 1985: 207). Was immer für die Argumente der anderen zutreffend sein mag, es liegt auf der Hand, dass Sens Argumente solche Überlegungen nicht etwa ausschließen, sondern geradezu erfordern.

Anmerkungen

Amartya Sen, Vorlesung I

* Bei der Vorbereitung dieser Vorlesungen kamen mir meine Diskussionen mit Kenneth Arrow, Eva Colorni, Ronald Dworkin, John Hicks, John Muellbauer, John Rawls, T.M. Scanlon, Ian White und Bernard Williams zugute. Bei der Überarbeitung für die Veröffentlichung waren die Ausführungen der Diskussionsteilnehmer (Keith Hart und Bernard Williams), des Seminarleiters Geoffrey Hawthorn sowie die späteren Kommentare von Sudhir Anand und Martha Nussbaum sehr hilfreich.

1 Dies wird bei Sen (1980–1) erörtert. Siehe auch Gosling und Taylor (1982) sowie Nussbaum (1983–4).

2 Hier müssen einige Dinge klargestellt werden. Erstens kann ein Ding oder ein Gegenstand in einem »schwachen« Sinn wertvoll sein, wenn es potentiell wertvoll ist und in manchen, doch möglicherweise nicht in allen Fällen geschätzt wird. Wird diese schwache Formulierung verwendet, müsste die (später diskutierte) Bedingung der »Dominanz« entsprechend abgewandelt werden. Zweitens kann ein Gegenstand, dem ein negativer Wert beigemessen wird, durch »Inversion« zu einem geschätzten Gegenstand werden, das heißt dadurch, dass er als ein »unwerter« Gegenstand betrachtet wird und nicht eine Zunahme, sondern eine Abnahme als Verbesserung gilt. Wenn es drittens einen Gegenstand gibt, der manchmal positiv und manchmal negativ bewertet wird, wird es tatsächlich schwierig, am »Dominanz«-Kriterium festzuhalten. Die Tragfähigkeit und Nützlichkeit der Unterscheidung zwischen für wertvoll erachteten Gegenständen und restlichen Bewertungen wäre ernsthaft in Frage gestellt, wenn es solche »gemischten« Gegenstände gäbe. Dieses Problem – und einige andere – werden bei Sen (1975) erörtert. Doch die meisten »gemischten« Fälle sind dies in einem *instrumentellen* Sinn (und werden nicht *intrinsisch* in manchen Fällen positiv und in anderen Fällen negativ bewertet). So lässt sich das Problem weitgehend dadurch vermeiden, dass man mehr in die Tiefe geht. Es fällt bei der Bewertung von »Wohlstand« wahrscheinlich mehr ins Gewicht als bei der Bewertung von »tatsächlichen Möglichkeiten« und »Fähigkeiten«.

3 Zu einer überzeugenden Kritik dieser Position, die von einem der Hauptvertreter der Nutzentheorie kommt, siehe Hicks (1981). Sie findet sich zum einen in *Essays in World Economics* (Oxford: Clarendon Press 1959), zum anderen in einem Vortrag, der 1961 in Grenoble gehalten wurde.

4 Siehe insbesondere Scitovsky (1976).

5 Siehe Gosling und Taylor (1982) sowie Nussbaum (1985).

6 Im Anschluss daran hat Pigou »eine sehr wichtige Ausnahme von dieser allgemeinen Regel« erörtert, die die *zukünftige* Zufriedenheit in Anbetracht

der Tatsache betraf, dass »unsere teleskopische Fähigkeit unzulänglich ist« (1952: 25).

7 Ich habe diese und einige damit verbundene Fragen behandelt (Sen: 1985b).

8 Ein etwas anderes Bild mag sich in Kontexten ergeben, in die Dritte involviert sind. Die Wünsche *anderer* können für uns ein guter Grund sein, ihrer Erfüllung einen Wert beizumessen. Dies kann der Fall sein, weil *wir Wert darauf legen*, dass sie das bekommen, worauf *sie Wert legen*, und ihre Wünsche können uns sagen, worauf sie Wert legen. (Diese *evidentielle* Rolle wird später zur Sprache kommen.) Es kann aber auch sein, dass wir möchten, dass sie glücklich sind, und wissen, dass Wunscherfüllung dem Glück forderlich ist (und Frustration Leiden verursacht). Ein wichtiger Unterschied zwischen den Erste-Person- und Dritte-Person-Fällen liegt in der Tatsache, dass wir eine gewisse Verantwortung für das haben, was *wir* wünschen (und was wir in Verbindung mit dem zu bringen haben, was *wir* schätzen), wohingegen wir eine solche direkte Verantwortung nicht für die Wünsche anderer haben.

9 Weitere Ausführungen zu diesen Fragen finden sich bei Sen (1985b).

10 Diese Frage wird bei Sen (1977a) erörtert. Es kann natürlich eine solche binäre Beziehung geben, wenn sich die Entscheidungsfunktion als »nicht-binär« herausstellt. Doch das tiefer liegende Problem betrifft die *Interpretation* der binären Beziehung, *auch wenn* die Entscheidungsfunktion einen binären Charakter hat.

11 Siehe Broome (1978).

12 Siehe auch Suppes (1966) und Arrow (1963: 114–15). Obwohl sich die Analysen von Suppes und Arrow dahingehend interpretieren lassen, dass Nutzen mit »Entscheidungsfreiheit« zusammenhängt, besteht keine Notwendigkeit, dies zu tun, denn die formale Analyse ist mit jeder Nutzeninterpretation vereinbar. Zudem lässt sich ein Großteil dieser Analyse auf Interpretationen des Wohlergehens ausdehnen, die nicht am Nutzen orientiert sind (einschließlich des hier zu untersuchenden »Fähigkeiten-Ansatzes«).

13 Pigou (1952: 759). Cooter und Rappoport (1984) haben kürzlich darauf hingewiesen, dass die Arbeiten vieler traditioneller, dem Utilitarismus verpflichteter Wirtschaftswissenschaftler das »materielle Wohlergehen« in den Mittelpunkt stellen.

14 Bei den Diskussionen über sozial weitverbreitete Deprivationen (z. B. Hungersnöte) kann die Konzentration auf das Fehlen berechtigter Ansprüche (insbesondere die mangelnde Fähigkeit großer Teile der Bevölkerung, sich ausreichend mit Nahrungsmitteln zu versorgen) einen guten analytischen Ausgangspunkt und einen Kontrast zu Analysen darstellen, die stärker an Gesamtgrößen und am Angebot orientiert sind (die beispielsweise von

einem Rückgang des gesamten Nahrungsmittelangebots ausgehen). Die Vorteile einer Sichtweise, die berechtigte Ansprüche in den Mittelpunkt stellt, sind an anderer Stelle erörtert worden (siehe etwa Sen 1981 und Tilly 1983). Aber im Zusammenhang mit dem Lebensstandard als solchem ist dieser Ansatz ein recht grobes Instrument; seine Vorteile sind in einem anderen Kontext relevant, beispielsweise für das Verständnis der Ursachen von Hungersnöten.

15 Ein interessantes Beispiel für diese Abweichung könnte die wohlbekannte Kontroverse über die Auswirkungen der frühen Industrialisierung auf den Lebensstandard der britischen Arbeiterklasse sein. Zwischen 1780 und 1820 fiel die Sterblichkeitsrate kontinuierlich, während die Messgrößen für den Wohlstand der britischen Arbeiterklasse nur wenig stiegen. Als hingegen zwischen 1820 und 1840 der Wohlstand ein wenig zuzunehmen schien, kam der Rückgang der Sterblichkeitsrate nicht nur zum Stillstand, sondern die Entwicklung kehrte sich sogar um. Eine kenntnisreiche Darstellung dieser Kontroverse (einschließlich der Gegenpositionen) findet sich bei Deane (1969: Kapitel 15). Zu den Hauptlinien der Kontroverse siehe auch Hobsbawm (1957), Hartwell (1961) und Hartwell und Hobsbawm (1963).

16 Zu zwei unterschiedlichen Auffassungen vom Ansatz der »Wohlstandsmaximierung« siehe Posner (1972) und Dworkin (1980).

17 Dies ist, streng genommen, nicht richtig. Auch wenn die Armutsgrenze im Verhältnis zum durschnittlichen oder mittleren Einkommen definiert wird (beispielsweise 60% von diesem), ist es noch immer möglich, Armut zu beseitigen, obwohl dies von der Beseitigung einer bestimmten Art von Ungleichheit abhängig wäre. Definiert man die »Armen« allerdings als diejenigen, die etwa das untere Zehntel der Bevölkerung ausmachen, ist Armut ganz offensichtlich nicht zu beseitigen.

18 *Hansard*, 28. Juni 1984. Diese und andere Auffassungen über die Armut werden von Mack und Lansley (1985) kritisch betrachtet.

19 Wird bei Sen (1983a) erörtert.

20 Diese auf den *persönlichen* Lebensstandard bezogene konstitutive Pluralität bedarf der Ergänzung durch Probleme der konstitutiven Pluralität, die sich im Zusammenhang mit sozialen Gesamtgrößen ergeben, wenn das Schwergewicht auf dem Lebensstandard einer *Gesellschaft* liegt. Die letztere Frage wird bei Sen (1976a, 1976b) erörtert. Während die aus Gesamtgrößen resultierenden Probleme dort für die Bereiche Einkommen und Verfügung über Waren dargestellt werden, lassen sie sich für die Bereiche tatsächliche Möglichkeiten und Fähigkeiten entsprechend umformulieren.

Anmerkungen

Amartya Sen, Vorlesung II

1 Diese und andere Zitate stammen aus den von C. H. Hull herausgegebenen Schriften Pettys (Hull 1899: 313).

2 Siehe Hull (1899: lxiv).

3 *Œuvres de Lavoisier* (Paris, 1893), Bd. 6, S. 404–5; ins Englische übersetzt von Studenski (1958: Teil I, S. 70).

4 *Œuvres* (1893, Bd. 6, S. 415–16); ins Englische übersetzt von Studenski (1958: Teil I, S. 71).

5 Siehe E. Daire und de Molinaii, *Mélange d'économie politique* (Paris, 1847) und C. Ganilh, *La Théorie de l'économie politique* (Paris, 1815), kommentiert von Studenski (1958: Teil I, S. 75–6).

6 Generell lässt sich das Kriterium der »tatsächlichen Möglichkeiten« für die Bewertung von sozialen Strukturen viel weiter zurückverfolgen, zumindest bis Aristoteles (siehe seine Werke *Politik* und *Nikomachische Ethik*). Ich bin Martha Nussbaum dankbar, die mich auf die Existenz und Bedeutung dieses aristotelischen Bezugs aufmerksam gemacht hat.

7 Einen Eindruck von den verschiedenartigen Problemen und Lösungsvorschlägen vermitteln Meade und Stone (1957), Samuelson und Swamy (1974) sowie Hicks (1981). Siehe auch Kuznets (1966), Hicks (1971) und Kravis, Heston und Summers (1978).

8 Beispiele für eine aufschlussreiche Verwendung von Daten über die physische Verfassung von Menschen für die historische Analyse des Lebensstandards finden sich in etlichen neueren Beiträgen, beispielsweise bei Floud und Wachter (1982) sowie Fogel, Engerman und Trussell (1982). Auch empirische Untersuchungen verwenden Daten über die physische Verfassung für die Bewertung von Unterernährung und Lebensstandard heute. Beispiele für die Anwendung dieses Ansatzes auf Indien bringen *inter alia* Gopalan (1984), Sen und Sengupta (1983) und UNICEF (1984).

9 Dazu gibt es mittlerweile eine Fülle von Literatur. Zu einigen Argumenten und Beispielen für Grundbedürfnisse und soziale Indikatoren siehe Adelman und Morris (1973), Sen (1974), Streeten und Burki (1978), Grant (1978), Morris (1979), Chichilnisky (1980), Streeten u. a. (1981) und Wells (1983).

10 Zu einer interessanten Untersuchung über die Bedeutung der Veränderlichkeit von Bedürfnissen in Vorstellungen von distributiver Gerechtigkeit siehe Yaari und Bar-Hillel (1984: 8–12).

11 Ich danke Bernard Williams für seine Verdeutlichung des Unterschieds zwischen Wohlergehen und Lebensstandard (obwohl er, wenn ich ihn richtig verstanden habe, die Grenzen etwas anders gezogen hätte). Williams hat diesen Vorschlag in dem auf die »Tanner Lectures« folgenden Seminar ge-

macht, aber ich habe mir erlaubt, ihn bereits in den Vorlesungen selbst vorzutragen, da sich meine Argumentation dadurch leichter verstehen und einschätzen lässt. Zu damit verbundenen Fragen siehe meine »Erwiderung«.

12 Es ist allerdings wichtig, zwischen der Förderung des eigenen Wohlergehens durch das eigene Handeln und der Entscheidung für dieses Handeln aus ebendiesem Grund zu unterscheiden; dazu siehe Nagel (1970). Hier geht es mehr um Auswirkungen als um Motivationen, so dass die Unterscheidung zwischen »Mitgefühl« und »Verpflichtung« hier anders verwendet wird als bei Sen (1977a).

13 Siehe auch Basu (1979), Blackorby (1975) und Fine (1975).

14 Eine der allgemeineren Schlussfolgerungen ihrer Untersuchung ist die, dass die Mindestlebensbedingungen in Großbritannien, gemessen an heutigen Standards, von fünf Millionen Erwachsenen und zweieinhalb Millionen Kindern nicht erreicht werden, die etwa ein Siebtel der Gesamtbevölkerung ausmachen. Siehe auch van Praag, Hagenaars und van Weeren (1982).

15 Zu einigen interessanten Untersuchungen der Selbstbewertung siehe Cantril (1965), van Praag (1968), Easterlin (1974), Simon (1974) und van Herwaarden, Kapteyn und van Praag (1977). Siehe auch Allardt (1981) und Erikson u. a. (1984).

16 Siehe auch James (1984).

17 Es sei darauf hingewiesen, dass sich der Grad der Freiheit nicht nur an der Zahl der Alternativen bemisst; er hängt auch von der Güte der Alternativen ab. Um ein einfaches Beispiel zu nehmen: Wenn das Bündel x der tatsächlichen Möglichkeiten dem Bündel y überlegen ist, und y wiederum z überlegen ist, dann ist die Fähigkeiten-Menge $\{x,z\}$ der Menge $\{y,z\}$ überlegen. Also ist die Menge $\{x\}$ der Menge $\{y\}$ in einem bedeutsamen Sinn überlegen. Dieses Argument impliziert die Relevanz der »kontrafaktischen« Entscheidungsfreiheit (»was würdest du wählen, wenn du die Wahl zwischen x und y hättest?«). Dazu siehe Sen (1985a, 1985b).

18 Die Bedeutung der Freiheit für die Beurteilung des Lebens, das ein Mensch führt, wurde von Marx stark betont. Seine befreite Zukunftsgesellschaft würde es mir möglich machen, »heute dieses, morgen jenes zu tun, morgens zu jagen, nachmittags zu fischen, abends Viehzucht zu treiben, nach dem Essen zu kritisieren, wie ich gerade Lust habe, ohne je Jäger, Fischer, Hirt oder Kritiker zu werden.« (Marx, K./Engels, F. 1969 [1846]: 33.

Anmerkungen

Keith Hart, Ausbreitung der Warenwirtschaft und Lebensstandard

1 Mir ist bewusst, dass dieser dualistische Ansatz eine dritte Kategorie von ökonomischen Aktivitäten außer Acht lässt, nämlich die öffentliche Bereitstellung von Gütern und Dienstleistungen, die nichts mit Warenaustausch zu tun hat, doch ich möchte meine Argumentation vorerst nicht durch dieses Problem komplizieren.

2 Keynes sagt, dass diejenigen, die »ihrer Intuition folgen, sich lieber ein vages und unvollkommenes Bild von der Wahrheit machen, anstatt an ihrem Irrtum festzuhalten, zu dem sie zwar mit Klarheit, innerer Schlüssigkeit und einfacher Logik, aber auf der Grundlage von Hypothesen gelangt sind, die nicht den Fakten entsprechen« (1936: 371).

3 Weber (1978: 63–211) betont die Rolle der Kalkulation bei der Herausbildung moderner Volkswirtschaften.

4 Siehe Marx (1887: Bd. 1, Kapitel 1).

5 Im modernen Sprachgebrauch bedeutet »Wohlstand« Besitztümer, zu denen sogar das Dicksein gehört. Dieser Begriff scheint zu befrachtet zu sein, um einen warenbezogenen Wohlstand zu erfassen, der Auskunft sowohl über Reiche als auch über Arme geben soll.

6 Streng genommen, ist die Sahelzone die »Küste« der Sahara, wo Viehzucht möglich ist, Landwirtschaft allerdings nicht. In der Praxis ist damit eine Gruppe überwiegend frankophoner Länder gemeint, die in den siebziger Jahren durch weitverbreitete Hungersnöte bekannt wurden und deren Grenzen sich bis zu den trockenen, landwirtschaftlich genutzten Gebieten der Savanne erstrecken. Viele meiner Erkenntnisse habe ich bei meinen Forschungsarbeiten im Nordosten Ghanas gewonnen. Sen hat eine interessante Darstellung der Hungersnot in der Sahelzone gegeben (1981: 113–29).

7 Zu einer kurzen Beschreibung von Landwirtschaft und Viehzucht in der Savanne siehe Hart (1982a: 65–7).

8 Copans (1975); Comité d'Information Sahel (1975); Dalby und Church (1973); Sen (1982: Kapitel 8).

9 Die »substantivistische« Schule von Polanyi und seinen Anhängern (etwa Bohannan und Dalton 1962) behaupten, Gesellschaften ohne Faktormärkte – insbesondere in den Bereichen Grund und Boden und Arbeitskräfte – funktionierten nach ökonomischen Prinzipien, denen Marktlogik wesensfremd sei.

10 Ein Großteil dieses Abschnitts ist Hart und Sperling (1983) entnommen, die sich vor allem mit den durch Viehzucht geprägten Wirtschaften Ostafrikas befassen.

11 Cleave (1974: 34). In seiner berühmten Darstellung (1972) des »Wohlstands primitiver Völker« weist Sahlins darauf hin, dass von der Dominanz der Hauswirtschaft in der dörflichen Landwirtschaft ein kultureller Druck zur Unterproduktion ausgeht, wozu auch die Neigung gehört, nur wenige Stunden am Tag zu arbeiten. Mir geht es mehr um die Auswirkungen einer diffusen Zeitorganisation auf die Berechnung der Inputs und Outputs spezialisierter Tätigkeiten.

12 Differenzierte Messungen setzen voraus, dass die konstanten Variablen Bestandteile der Gesellschaftsstruktur sind. Zeit, Geld und Energie sind drei solche Variablen, die in unserer Gesellschaft Quantifizierungen ermöglichen. Es heißt, wenn der Luftverkehr seit dem Zweiten Weltkrieg den gleichen technischen Fortschritt gemacht hätte wie die Computertechnologie, könnten wir heute für 50 Dollar und mit fünf Gallonen Treibstoff in zwei Stunden um die Welt fliegen. Zeit, Geld und Energie erscheinen hier als Mengen von offensichtlicher institutioneller Relevanz. Aber man stelle sich vor, wie sich diese Idee in die Idiomatik eines westafrikanischen Viehzüchters übersetzen ließe, der die Lebensdauer eines Tieres (wenn überhaupt) in Jahren misst, kein Geld für das Weiden seiner Tiere ausgibt und keine Möglichkeit hat, die Geschwindigkeit der Energiekonversion zu errechnen (und daran auch nicht im Geringsten interessiert ist).

13 Thompson (1968); Marx (1887: Bd. 1, Kapitel 15).

14 Die Bedeutung von systematischer Kontrolle und Disziplinierung für die frühindustrielle Gesellschaft wird von Foucault (1977) untersucht.

15 Dies wird ausführlich von Hart (1982a: 126–35) dargestellt.

16 Eine besonders klarsichtige Kritik dieser Praxis findet sich bei Frankel (1953).

17 Die Symbiose zwischen Bauern und Viehzüchtern in den halb trockenen Zonen Afrikas und anderswo ist gut bei Khanzanov (1984), Gallais (1972) und Sen (1981: 113–29) dargestellt.

18 Siehe Hart (1982a: Kapitel 1, 2, 7).

19 Der Ausdruck stammt von Marx (1887: Kapitel 1), aber diese Auffassung wird auch von seinen anglo-schottischen Vorläufern in der politischen Ökonomie geteilt; siehe Dobb (1973). Die Zeit, die die Einzelnen empirisch benötigen, um eine bestimmte Aufgabe zu erfüllen, unterscheidet sich von der durch den Stand der Technik und der Fertigkeiten gegebenen Normzeit (»die gesellschaftlich notwendige Arbeitszeit«), die allein den Tauschwert der Waren, wenn auch nicht deren frei schwankenden Preis, bestimmt.

20 Siehe Anmerkung 8; zu einer Übersicht über die frühe Literatur siehe auch Swift (1977).

21 Darin war er zweifellos von den Aussagen französischer Marxisten, wie beispielsweise des Comité d'Information Sahel (1975), über die Hungersnot

beeinflusst. Doch die Annahme, die Einbindung in Märkte erhöhe das Risiko großer Armut, liegt auch seiner Analyse anderer Fälle zugrunde.

22 Aufgrund der unvollständigen Auswertung der Stichproben um 1900 und einer groß angelegten Manipulation der Volkszählungsergebnisse in Nigeria in neuerer Zeit sind diese Zahlen noch fragwürdiger als sonst. Die jüngsten Zahlen über Geburts- und Sterblichkeitsraten sind verlässlicher und weisen heute in den meisten Ländern eine jährliche Nettozunahme der Bevölkerung von mindestens drei Prozent beziehungsweise eine Verdoppelung der Gesamtbevölkerung seit der Entkolonialisierung vor einem Vierteljahrhundert aus.

23 Diese Zahlen stammen von der Weltbank (1983).

24 McNeill (1976); Cipolla (1978); McKeown (1976).

25 Zum Beispiel hat Jack Goody (1971) diesen Gegensatz zwischen Afrika und Eurasien stark betont.

26 Hart (1982a: 84–5, 124, 134).

27 Besonders afrikanischen Viehzüchtern ist etwas vorgeworfen worden, was verächtlich als »Vieh-Komplex« bezeichnet wurde: Vernünftige Absicherungsmechanismen werden als unnatürliche Bindung der Stammesangehörigen an ihre Tiere betrachtet. Khazanov (1984) bringt eine Zusammenfassung der Literatur.

28 Gugler und Flanagan (1978); Hart (1982a: 121–5).

29 Dass die westafrikanischen Kakaoproduzenten in den benachbarten Waldgebieten die nach 1945 durch Absatzorganisationen eingeführten stabilen Preise sehr zu schätzen wussten, bewiesen sie durch eine beträchtliche Steigerung ihrer Produktion. Siehe Bauer (1954) und Hill (1963).

30 Cleave (1974: 34).

31 Siehe das obige Beispiel vom Wassertragen.

32 Anthropologen haben sich in letzter Zeit sehr für Untersuchungen über Zeitallokation interessiert, unter anderem für die Frage, ob die Industrialisierung die Periodenkosten der Produktion verringert, wenn die häusliche Arbeit mitgerechnet wird. Eine Übersicht findet sich bei Minge-Klevana (1980).

33 Welchen Hintergrund diese Schlussfolgerungen haben, ist bei Hart (1982a) nachzulesen.

34 Siehe Hart (1982b). Das Erkennen dieses Problems ist eine große Stärke der Polanyi-Schule; siehe etwa Polanyi (1944) sowie Bohannan und Dalton (1962). In der marxistischen Tradition wurde Luxemburg (1951) stark kritisiert, weil sie bestritt, dass die kapitalistische Produktionsweise durch ein analytisches Modell hinreichend darstellbar sei.

35 Ich habe über die Wirtschaftsgeschichte und Ethnographie von Rossendale gearbeitet, ohne dazu bisher etwas veröffentlicht zu haben. Tupling (1927)

hat das grundlegende Werk über die dortige industrielle Revolution verfasst. Lancashire spielt eine große Rolle in Thompsons klassischer Untersuchung (1968) über das erste Industrieproletariat der Welt. Manchester war die Heimat von Engels (1969). Fosters interessante Fallstudie (1974) befasst sich teilweise mit Oldham, einer Stadt in Lancashire.

36 Die klassische Untersuchung über die »cotton famine« von Lancashire stammt von Henderson (1969).

37 Ich habe über die informelle Wirtschaft in Westafrika geschrieben (Hart 1973). Heutzutage sind britische Soziologen anscheinend vor allem an dem »schwarzen«, »informellen«, »Schatten-« oder »Untergrund«-Charakter eines großen Teils des Wirtschaftslebens interessiert. Siehe beispielsweise Henry (1978).

38 Tilly und Scott (1978).

39 Es sei auf die Synchronie dieser Entwicklung und der im Vorausgehenden dargestellten Entwicklung in den postkolonialen westafrikanischen Staaten hingewiesen.

40 Eine Gruppe von Londoner Aktivisten führt derzeit eine Kampagne mit dem Slogan »Lohn für Hausarbeit« durch; es gibt viel aktuelle Literatur zu diesem Thema. Eine allgemeine Darstellung der Problematik der Hausarbeit findet sich bei Oakley (1974).

41 Ein Werbespot des britischen Fernsehens zeigt eine Hausfrau und Mutter in einer schnellen Sequenz verschiedener Rollen, wobei sie für jede die passende Kleidung trägt – Psychotherapeutin, Köchin, Clown, Erste-Hilfe-Schwester, sogar Taucherin, die verloren gegangene Gegenstände wiederfindet).

42 Diese Formel scheint der Position nahe zu kommen, die Polanyis Anhänger in der substantivistischen Wirtschaftsanthropologie vertreten. Siehe die Anmerkungen 9 und 34. Der Unterschied liegt darin, dass sie eine universelle Beziehung zwischen Märkten und Subsistenzwirtschaft postuliert, anstatt industrielle und vorindustrielle Wirtschaften ausschließlich durch jeweils einen Organisationstypus zu kennzeichnen.

43 Grundsätzlich anders verfährt allerdings die amerikanische Institutionenökonomik. Die Schriften Galbraiths (z. B. 1974) stehen überwiegend in dieser Tradition.

Anmerkungen

Amartya Sen, Erwiderung

1 Die Bedeutung der Konvention schließt allerdings weder die Notwendigkeit einer kritischen Beurteilung aus, noch bedeutet sie die automatische Akzeptanz konventioneller Werte. Einige schwierige Fragen des Bewertungsproblems wurden kurz in meiner zweiten Vorlesung erörtert; siehe auch Sen (1985a: Kapitel 3–5).

2 Diese Frage wird bei Sen (1983a) behandelt.

3 Krankheit und Tod sind selbstverständlich teilweise durch ökonomische Faktoren beeinflussbar (das heißt Einkommen und Wohlstand wirken sich auf sie aus). Aber es gibt auch *andere* Einflüsse. Um welche Einflüsse es sich auch handeln mag, krank oder tot zu sein, beeinträchtigt eindeutig Lebensqualität und Lebensstandard.

4 Im Gegensatz zu Kategorie 1 schließt Williams' Kategorie 2 »Mitgefühl«, aber nicht »Verpflichtung« in dem von Sen verwendeten Sprachgebrauch (1977a) ein; siehe auch Williams (1973). Kategorie 2* klammert »Mitgefühl« aus. Williams' Kategorie 3 klammert ich-zentrierte nicht-ökonomische Gründe aus.

5 Williams stellt meine Auffassung in Frage, wonach sich »die Fähigkeiten so zu den tatsächlichen Möglichkeiten verhalten wie das Mögliche zum Faktischen.« Sein Beispiel der Person, »die verrückt ist und unaufhörlich singt«, könnte man tatsächlich im Sinne einer »verfeinerten« Möglichkeit zu singen erneut in Betracht ziehen, wenn die Person gleichermaßen in der Lage ist, diese Geräusche *nicht* zu machen. Dies würde Williams' Diagnose unterstützen, wonach das »Singen des Verrückten im relevanten Sinne kein Beispiel für eine tatsächliche Möglichkeit darstellt.« Aber wenn man eine tatsächliche Möglichkeit im relevanten Sinne *erlangt,* dann hat man die *Fähigkeit in diesem Sinne.* Die Bestimmung des »Fähigkeiten-Bündels« als ein Bündel von n-Tupeln tatsächlicher Möglichkeiten, *einschließlich* des n-Tupels des *tatsächlichen* Vermögens (ohne den Faktor der Unsicherheit) ist schlüssig mit verschiedenen Interpretationen tatsächlicher Möglichkeiten vereinbar, einschließlich der »verfeinerten« (z. B. der Verrückte »singt« *nicht* wirklich) wie der »nichtverfeinerten« (er *singt*).

BIBLIOGRAPHIE

Adelmann, I. und Morris, C. T. 1973. *Economic Growth and Social Equity in Developing Countries*. Stanford: Stanford University Press.

Akerlof, G. 1983. Loyalty filters. *American Economic Review*, 73.

Allardt, S. 1981. Experiences from the comparative Scandinavian welfare study, with a bibliography of the project. *European Journal of Political Research*, 9.

Arrow, K. J. 1963. *Social Choice and Individual Values*. New York: Wiley.

Arrow, K. J. 1971. *Essays in the Theory of Risk Bearing*. Amsterdam: North-Holland

Ashton, B., Hill K., Piazza, A. und Zeitz, R. 1984. Famine in China, 1958–61. *Population and Development Review*, 10.

Barten, A. 1964. Family composition prices and expenditure patterns. Econometric Analysis for National Economic Planning, Hg. P. E. Hart, G. Mills und J. K. Whitaker. London: Butterworth.

Basu, K. 1979. *Revealed Preference of the Government*. Cambridge: Cambridge University Press.

Bauer, P. T. 1954. *West African Trade*. Cambridge: Cambridge University Press.

Becker, G. S. 1965. A theory of the allocation of time. *Economic Journal*, 75.

Becker, G. S. 1993. *Der ökonomische Ansatz zur Erklärung menschlichen Verhaltens*. Tübingen: Mohr Verlag.

Becker, G. S. 1996. *Familie, Gesellschaft und Politik: die ökonomischen Perspektiven*. Tübingen: Mohr Verlag.

Beckerman, W. und Clark, S. 1982 *Poverty and Social Security in Britain since 1961*. Oxford: Clarendon Press.

Bentham, J. 1966 [1789]. *Prinzipien der Gesetzgebung*. Ruggell: Topos Verlag.

Blackorby, C. 1975. Degrees of cardinality and aggregate partial ordering. *Econometrica*, 43.

Bohannan, P. und Dalton G. (Hg.) 1962. *Markets in Africa*. Evanston: Northwestern University Press.

Broome, J. 1978. Choice and value in economics. *Oxford Economic Papers*, 30.

Broome, J. 1984. Uncertainty and fairness. *Economic Journal*, 94.

Cantril, H. 1965. *The Pattern of Human Concerns*. New Brunswick NJ: Rutgers University Press.

Chichilnisky, G. 1980. Basic needs and global models: resources, trade and distribution. *Alternatives*, 6.

Cipolla, C. 1978. *The Economic History of World Population*. Harmondsworth: Penguin.

Bibliographie

Cleave, J. 1974. *African Farmers: Labour Use in the Development of Smallholder Agriculture*. New York: Praeger.

Comité d'Information de Sahel 1975. *Qui se nourrit de la famine en Afrique? Le dossier politique de la faim au Sahel*. Paris: Maspero.

Cooter, R. und Rappoport, P. 1984. Were the ordinalists wrong about welfare economics? *Journal of Economic Literature*, 22.

Copans, J. (Hg.) 1975. *Sécheresse et famines du Sahel*. Paris: Maspero.

Costa, P. T. und McCrae, R. R. 1980. Influence of extroversion and neuroticism on subjective well-being: happy and unhappy people. *Journal of Personality and Social Psychology*, 38.

Dalby, D. und Church, R. J. H. (Hg.) 1973. *Drought in Africa*. London: School of Oriental and African Studies.

Deane, P. 1969. *The First Industrial Revolution*. Cambridge: Cambridge University Press.

Deaton, A. 1981. *Three Essays on a Sri Lanka Household Survey*. Living Standards Measurement Study Working Paper no. 11. Washington DC: Weltbank.

Deaton, A. und Muellbauer, J. 1980. On measuring child costs with applications to poor countries. *Journal of Political Economy*, 94.

Deaton, A., Ruiz-Castillo, J. und Thomas, D. 1985. The influence of household composition on household expenditure patterns: theory and Spanish evidence. Princeton University, Research Program in Development Studies, discussion paper, 122.

Diamond, P. A. 1967. Cardinal welfare, individualist ethics, and interpersonal comparisons of utility. *Journal of Political Economy*, 59.

Dobb, M. 1977. *Wert- und Verteilungstheorien seit Adam Smith*. Frankfurt am Main: Suhrkamp Verlag.

Dworkin, R. 1980. Is wealth a value? *Journal of Legal Studies*, 9.

Easterlin, R. A. 1874. Does economic growth improve the human lot? In: *Nations and Households in Economic Growth*, Hg. P. A. David und M. W. Reder. New York: Academic Press.

Elster, J. 1983. *Sour Grapes*. Cambridge: Cambridge University Press.

Engel, E. 1895. Die Lebenskosten belgischer Arbeiterfamilien früher und jetzt. *International Statistical Institute Bulletin*, 9.

Engels, F. 1970 [1892]. Die Lage der arbeitenden Klasse in England. In: *Marx, K./ Engels, F.: Werke*, Bd. 2. Berlin (Ost): Dietz Verlag.

Erikson, R., Hansen, E. J., Ringen, S. und Uusitalo, H. 1984. *The Scandinavian way: the welfare states and welfare research*. Mimeo.

Fiegehen, G. C., Lansley, P. S. und Smith, A. D. 1977. *Poverty and Progress in Britain, 1953–73*. Cambridge: Cambridge University Press.

Fine, B. 1975. A note on »Interpersonal comparisons and partial comparability«. *Econometrica*, 43.

Bibliographie

Floud, R. 1984. Measuring the Transformation of the European Economies. Discussion Paper no. 33. London: Centre for Economic Policy Research.

Floud, R. und Wachter, K.W. 1982. Poverty and physical stature: evidence on the standard of living in London boys, 1770–1870. *Social Science History*, 6.

Fogel, R.W., Engerman, S.L. und Trussell, J. 1982. Exploring the uses of data on height: the analysis of long-term trends in nutrition, labour welfare and labour productivity. *Social Science History*, 6.

Foster, J. 1974. *Class Struggle and the Industrial Revolution*. London: Weidenfeld and Nicolson.

Foucault, M. 1976. *Überwachen und Strafen*. Frankfurt am Main: Suhrkamp Verlag.

Frankel, S.H. 1953. *The Economic Impact on Underdeveloped Societies*, Oxford: Blackwell.

Friedman, M. 1962. *Capitalism and Freedom*. Chicago: University of Chicago Press.

Galbraith, J.K. 1974. *Economics and the Public Purpose*. London: André Deutsch.

Gallais, J. 1972. Essai sur la situation actuelle des relations entre pasteurs et paysans dans le Sahel ouest-africain. *Etudes*, 36.

Goodin, R.E. 1972. *Political Theory and Public Policy*. Chicago: University of Chicago Press.

Goody, J.R. 1971. *Technology, Tradition and the State in Africa*. London: Oxford University Press.

Gopalan, C. 1984. *Nutrition and Health Care: Problems and Policies*. Neu Delhi: Nutrition Foundation of India.

Gorman, W.M. 1956. The demand for related goods. *Journal Paper J3129*. Ames IO: Iowa Experimental Station.

Gorman, W.M. 1980 [1956]. A possible procedure for analysing quality differentials in the egg market. *Review of Economic Studies*, 47.

Gosling, J.C.B. und Taylor, C.C.W. 1982. *The Greeks on Pleasure*. Oxford: Clarendon Press.

Grant, J.P. 1978. *Disparity Reduction Rates in Social Indicators*. Washington DC: Overseas Development Council.

Griffin, J. 1982. Modern utilitarianism. *Revue internationale de philosophie*, 36.

Gugler, J. und Flanagan, W. 1978. *Urbanisation and Social Change in West Africa*. Cambridge: Cambridge University Press.

Hare, R.M. 1992. *Moralisches Denken. Seine Ebenen, seine Methode, sein Witz*. Frankfurt am Main: Suhrkamp Verlag.

Harsanyi, J.C. 1955. *Cardinal welfare, indidividualistic ethics, and interpersonal comparisons of utility. Journal of Political Economy*, 63.

Hart, K. 1973. Informal income opportunities and urban development in Ghana. *Journal of Modern African Studies*, 11.

Bibliographie

Hart, K. 1982a. *The Political Economy of West African Agriculture.* Cambridge: Cambridge University Press.

Hart, K. 1982b. On commoditisation. In: *From Craft to Industry*, Hg. E. Goody. Cambridge: Cambridge University Press.

Hart, K. und Sperling, L. 1983. Economic categories and anthropological analysis: labour in an East African herding society. Manuskript.

Hartwell, R. M. 1961. The rising standard of living in England, 1800–1850. *Economic History Review*, 14.

Hartwell, R. M. und Engermann, S. 1975. Models of immiserisation: the theoretical basis of pessimism. In: *The Standard of Living in Britain in the Industrial Revolution*, Hg. A. J. Taylor. London: Methuen.

Hartwell, R. M. und Hobsbawm, E. J. 1963. [Exchange] *Economic History Review*, 16.

Henderson, A. M. 1949. The cost of a family. *Review of Economic Studies*, 17.

Henderson, W. O. 1969. *The Lancashire Cotton Famine, 1861–65.* Manchester: Manchester University Press.

Henry, S. 1978. *The Hidden Economy: The Context and Control of Borderline Crime.* London: Martin Robertson.

Hicks, J. R. 1971 [1942] *The Social Framework.* Oxford: Clarendon Press.

Hicks, J. R. 1981. A manifesto. In: *Wealth and Welfare: Collected Essays in Economic Theory*, Bd. 1. Oxford: Blackwell.

Hill, P. 1963. *Migrant Cocao Farmers of Southern Ghana.* Cambridge: Cambridge University Press.

Hirschman, A. O. 1984. *Engagement und Selbsttäuschung. Über das Schwanken der Bürger zwischen Privatwohl und Gemeinwohl.* Frankfurt am Main: Suhrkamp Verlag.

Ho, T. J. 1982. *Measuring Health as a Component of Living Standards.* Living Standards Measurement Study Working Paper no. 15. Washington DC: Weltbank.

Hobsbawm, E. J. 1957. The British Standard of Living, 1790–1850. *Economic History Review*, 10.

Hollis, M. 1981. Economic man and the Original Sin. *Political Studies*, 29.

Hull, C. H. 1899. *The Economic Writings of Sir William Petty*, Bd. 1. Cambridge: Cambridge University Press.

James, S. 1984. *The Content of Social Explanation.* Cambridge: Cambridge University Press.

Kanbur, S. M. R. 1979. Of risk taking and personal distribution of income. *Journal of Political Economy*, 91.

Kapteyn, A. und Alessie, R. 1985. Habit formation and interdependent preferences in the Almost Ideal Demand System. Mimeo: Tilburg University.

Kapteyn, A. und van Praag, B. 1976. A new approach to the construction of family equivalence scales. *European Economic Review*, 7.

Bibliographie

Keynes, J.M. 1936. *Allgemeine Theorie der Beschäftigung, des Zinses und des Geldes.* München und Leipzig: Verlag von Duncker und Humblot.

Khazanov, A.M. 1984. *Nomads and the Outside World.* Cambridge: Cambridge University Press.

Kravis, I.B., Heston, A.W. und Summers, R. 1978. *International Comparisons of Real Product and Purchasing Power.* Baltimore: John Hopkins University Press.

Kuznets, S. 1966. *Modern Economic Growth.* New Haven: Yale University Press.

Kynch, J. und Sen, A. 1983. Indian women: well-being and survival. *Cambridge Journal of Economics*, 7.

Lancaster, K.J. 1966. A new approach to consumer theory. *Journal of Political Economy*, 74.

Luxemburg, R. 1966 [1913]. *Die Akkumulation des Kapitals.* Frankfurt am Main: Verlag Neue Kritik.

Machina, M.J. 1982. Expected utility analysis without the independence axiom. *Econometrica*, 50.

Mack, J. und Lansley, S. 1985. *Poor Britain.* London: Allen and Unwin.

McKeown, T. 1976. *The Modern Rise of Population.* London: Arnold.

McMurrin, S.M. (Hg.), 1986. *The Tanner Lectures on Human Values*, VII. Salt Lake City: University of Utah Press; Cambridge: Cambridge University Press.

McNeill, W. 1976. *Plagues and Peoples.* New York: Doubleday.

McPherson, M.S. 1982. Mill's moral theory and the problem of preference change. *Ethics*, 92.

Majumdar, T. 1980. The rationality of changing choices. *Analyse und Kritik*, 2.

Marshall, A. 1949 [1890]. *The principles of Economics.* London: Macmillan.

Marx, K. 1968 [1887]. *Das Kapital.* Frankfurt am Main: Europäische Verlagsanstalt.

Marx, K. und Engels, F. 1969 [1846]. Die deutsche Ideologie. In: *Marx, K./ Engels, F.: Werke*, Bd. 3. Berlin (Ost): Dietz Verlag.

Meade. J.E. und Stone, R. 1957 [1944]. *National Income and Expenditure.* London: Bowes and Bowes.

Michael, R. und Becker, G.S. 1973. On the new theory of consumer behaviour. *Swedish Journal of Economics*, 75.

Minge-Klevana, W. 1980. Does labour time decrease with industrialisation? A survey of time-allocation studies. *Current Anthropology*, 21.

Morris, M.D. 1979. *Measuring the Conditions of the World's Poor: The Physical Quality of Life Index.* Oxford: Pergamon.

Muellbauer, J. 1974a. Household composition, Engel curves, and welfare comparisons between households: a duality approach. *European Economic Review*, 5.

Muellbauer, J. 1975. Aggregation, income distribution and consumer demand. *Review of Economic Studies*, 62.

Bibliographie

Muellbauer, J. und Pashardes, P. 1982. Tests of dynamic specification and homogeneity in demand systems. Discussion Paper, Birkbeck College, London.

Mukerji, V. 1965. Zwei Beiträge über die Zeit in der Wirtschaftswissenschaft. *Artha Vijñana*.

Nagel, T. 1982. *Die Möglichkeit des Altruismus*. Berlin: Philo Verlag.

Nicholson, J. L. 1949. Variations in working-class family expenditure. *Journal of the Royal Statistical Society*, Series A, 112.

Nussbaum, M. C. 1983–4. Plato on commensurability and desire. *Proceedings of the Aristotelian Society*, 83

Nussbaum, M. C. 1985. *Fragility of Goodness: Luck and Ethics in Greek Tragedy and Philosophy*. Cambridge: Cambridge University Press.

Oakley, A. 1974. *The Sociology of Housework*. London: Martin Robertson.

Pattainaik, P. K. 1980. A note on the »rationality of becoming« and revealed preference. *Analyse und Kritik*, 2.

Phlips, A. C. 1983 [1974]. *Applied Consumption Analysis*. Amsterdam: North-Holland.

Pigou, A. C. 1952 [1920]. *The Economics of Welfare*. London: Macmillan.

Polanyi, K. 1978. *The great transformation. Politische und ökonomische Ursprünge von Gesellschaften und Wirtschaftssystemen*. Frankfurt am Main: Suhrkamp Verlag.

Pollak, R. und Wachter, M. 1975. The relevance of the household production function and its implications for the allocation of time. *Journal of Political Economy*, 83.

Posner, R. 1972. *Economic Analysis of Law*. Boston: Little Brown.

Ramsey, F. 1926. Truth and probability. In: *Foundations: Essays in Philosophy, Logic, Mathematics and Economics*. London: Routledge and Kegan Paul, 1978.

Rawls, J. 1979. *Eine Theorie der Gerechtigkeit*. Frankfurt am Main: Suhrkamp Verlag.

Robbins, L. 1938. Interpersonal comparisons of utility. *Economic Journal*, 48.

Rothbarth, E. 1943. Note on a method of determining equivalent income for families of different composition. In: *War-Time Patterns of Saving and Spending*, Hg. C. Madge. National Institute of Economic and Social Research, Occasional Paper no. 4. London: Macmillan.

Sahlins, M. 1972. *Stone-Age Economics*. Chicago: Aldine.

Samuelson, P. A. 1950. Evaluation of real income. *Oxford Economic Papers*, 2.

Samuelson, P. A. und Swamy, S. 1974. Invariant economic index numbers and canonical duality: survey and synthesis. *American Economic Review*, 64.

Schelling, T. C. 1984. Self-command in practice, in policy and in a theory of rational choice. *American Economic Review*, 74.

Scitovsky, T. 1976. *The Joyless Economy*. New York: Oxford University Press.

Sen, A. 1970. *Collective Choice and Social Welfare*. San Francisco: Holden Day (Neuveröffentlichung 1979 Amsterdam: North-Holland).

Sen, A. 1973. On the development of basic income indicators to supplement GNP measures. *ECAFE Bulletin.*

Sen, A. 1974. Choice, orderings and morality. In: *Practical Reason,* Hg. S. Körner. Oxford: Blackwell. (Nachgedruckt in Sen 1982).

Sen, A. 1975. The concept of efficiency in economics. In: *Contemporary Issues in Economics,* Hg. M. Parkin und A. R. Nobay. Manchester: Manchester University Press.

Sen, A. 1976a. Poverty: an ordinal approach to measurement. *Econometrica,* 45. (Nachgedruckt in Sen 1982).

Sen, A. 1976b. Real national income. *Review of Economic Studies,* 44. (Nachgedruckt in Sen 1982).

Sen, A. 1977a. Rational fools: A critique of the behavioural foundations of economic theory. *Philosophy and Public Affairs,* 6. (Nachgedruckt in Sen 1982).

Sen, A. 1977b. On weights and measures: informational constraints in social welfare analysis. *Econometrica,* 46.

Sen, A. 1979a. Personal utilities and public judgements: or what's wrong with welfare economics? *Economic Journal,* 89.

Sen, A. 1979b. Utilitarianism and welfarism. *Journal of Philosophy,* 76.

Sen, A. 1980–1. Plural utility. *Proceedings of the Aristotelian Society,* 80.

Sen, A. 1981. *Poverty and Famines: An Essay on Entitlement and Deprivation.* Oxford: Clarendon Press.

Sen, A. 1982. *Choice, Welfare and Measurement.* Oxford: Blackwell; Cambridge MA: MIT Press.

Sen, A. 1983a. Poor, relatively speaking. *Oxford Economic Papers,* 35. (Nachgedruckt in Sen 1984a).

Sen, A. 1983b. Accounts, actions and values: objectivity of social science. In: *Social Theory and Political Practice,* Hg. C. Lloyd: Clarendon Press.

Sen, A. 1983c. Liberty and social choice. *Journal of Philosophy,* 80.

Sen, A. 1983d. Development: Which way now? *Economic Journal,* 93.

Sen, A. 1983d. Economics and the family. *Asian Development Review,* 1. (Nachgedruckt in Sen 1984a).

Sen, A. 1984a. *Resources, Values and Development.* Cambridge MA: Harvard University Press.

Sen, A. 1984b. The living standard. *Oxford Economic Papers,* 36.

Sen, A. 1984c. Family and food: sex bias in poverty. In: Sen 1984a.

Sen, A. 1985a. *Commodities and Capabilities.* Amsterdam: North-Holland.

Sen, A. 1985b. Well-being, agency and freedom. *Journal of Philosophy,* 82.

Sen, A. 1985c. A reply to Professor Peter Townsend. *Oxford Economic Papers,* 37.

Sen, A. und Sengupta, S. 1983. Malnutrition of rural children and the sex bias. *Economic and Political Weekly,* 19.

Bibliographie

Shackle, G.L. S. 1965. Comment on two papers on time in economics. *Artha Vijñana*.

Simon, J.L. 1974. Interpersonal welfare comparisons can be made – and used for redistribution decisions. *Kyklos*, 27.

Sircar, D.C. 1979. *Asokan Studies*. Calcutta: Indian Museum.

Smith, A. 1974 [1776]. *Der Wohlstand der Nationen*. München: Beck Verlag.

Spinnewyn, F. 1981. Rational habit formation. *European Economic Review*, 15.

Stigler, G.J. und Becker, G.S. 1977. De gustibus non est disputandum. *American Economic Review*, 67.

Stone, J.R. N. und Rowe, D.A. 1958. Dynamic demand functions: some econometric results. *Economic Journal*, 68.

Streeten, P. und Burki, S. 1978. Basic needs: some issues. *World Development*, 6.

Streeten. P., Burki, S., ul Haq, M., Hicks, N. und Stewart, F. 1981. *First Things First: Meeting Basic Needs in Developing Countries*. London: Oxford University Press.

Studenski, P. (Hg.) 1958. *The Income of Nations*. New York: New York University Press.

Suppes, P. 1966. Some formal models of grading principles. *Synthese*, 6.

Swift, J. 1977. Sahelian pastoralists: underdevelopment, desertification and famine. *Annual Review of Anthropology*, 6.

Taylor, C. 1985. Atomism. In: *Philosophy and the Human Sciences: Philosophical Papers*, Bd. 2. Cambridge: Cambridge University Press.

Terleckyi, N. (Hg.) 1976. *Household Production and Consumption*. New York: National Bureau of Economic Research.

Thompson, E.P. 1987. *Die Entstehung der englischen Arbeiterklasse*. Frankfurt am Main: Suhrkamp Verlag.

Tilly, L.A. 1983. Food entitlement, famine and conflict. In: *Hunger and History*, Hg. R.I. Rotberg und T.K. Rabb. Cambridge: Cambridge University Press.

Tilly, L. und Scott, J. 1978. *Women, Work and Family*. New York: Holt, Rinehart and Winston.

Townsend, P. 1979a. The development of research on poverty. In: Department of Health and Social Security, *Social Security Research: The Definition and Measurement of Poverty*. London: HMSO.

Townsend, P. 1979b. *Poverty in the United Kingdom*. Harmondsworth: Penguin.

Townsend, P. 1985. A sociological approach to the measurement of poverty: a rejoinder to Professor Amartya Sen. *Oxford Economic Papers*, 37.

Tupling, G.H. 1927. *The Economic History of Rossendale*. Manchester: Manchester University Press.

UNICEF 1984. *An Analysis of the Situation of Children in India*. Neu Dehli: UNICEF.

Usher, D. 1968. *The Price Mechanism and the Meaning of National Income Statistics*. Oxford: Clarendon Press.

Bibliographie

van der Veen, R. J. 1981. Meta-rankings and collective optimality. *Social Science Information*, 20.

van Herwaarden, F. G., Kapteyn, A. und van Praag, B. M. S. 1977. Twelve thousand individual welfare functions of income: a comparison of six samples in Belgium and the Netherlands. *European Economic Review*, 9.

van Praag, B. M. S., Hagenaars, A. J. M. und van Weeren, H. 1982. Poverty in Europa. *Journal of Income and Wealth*, 28.

Vickrey, W. 1945. Measuring marginal utility by reactions to risk. *Econometrica*, 13.

von Tunzelmann, N. 1985. The standard of living debate and optimal economic growth. In: *The Economics of the Industrial Revolution*, Hg. J. Mokyr. London: Allen and Unwin.

Weber, M. 1988 [1923]. *Gesammelte Aufsätze zur Sozial- und Wirtschaftsgeschichte*. Tübingen: Mohr Verlag.

Wedderburn, D. (Hg.) 1974. *Poverty, Inequality and the Class Structure*. Cambridge: Cambridge University Press.

Wells, J. 1983. Industrial accumulation and living standards in the long-run: the Sao Paulo industrial working class, 1939–75. *Journal of Development Studies*, 19.

Williams, B. 1979. Kritik des Utilitarismus. Frankfurt am Main: Klostermann Verlag.

Williams, B. 1984. *Moralischer Zufall. Philosophische Aufsätze 1973–1980*. Königstein: Hain Verlag.

Williams, B. 1999. *Ethik und die Grenzen der Philosophie*. Hamburg: Rotbuch Verlag.

Winston, G. C. 1980. Addiction and backsliding: a theory of compulsive consumption. *Journal of Economic Behaviour and Organisation*, 1.

Weltbank 1983. *World Development Report 1983*. New York: Oxford University Press.

Weltbank 1984. *World Development Report 1984*. New York: Oxford University Press.

Yaari, M. E. und Bar-Hillel, M. 1984. On dividing justly. *Social Choice and Welfare*, 1.

AMARTYA SEN – POLITISCHE ÖKONOMIE ALS »MORALISCHE WISSENSCHAFT«

Nachwort von Otto Kallscheuer

> Es gibt aber unzählige menschliche Bedürfnisse,
> die keinen Zugang zum Markt haben. Es ist
> strenge Pflicht der Gerechtigkeit und der Wahrheit
> zu verhindern, dass die fundamentalen mensch-
> lichen Bedürfnisse unbefriedigt bleiben und dass
> die davon betroffenen Menschen zugrunde gehen.
> *(Papst Johannes Paul II.,* Centesimus annus, *N. 34)*

I.

Wonach bewerten wir die Leistung von Volkswirtschaften? Wie bemessen wir ihre Entwicklungsunterschiede? Wie vergleichen wir die Unterschiede der Lebenschancen zwischen Individuen, sozialen Gruppen und Kategorien? Sowohl innerhalb einer Gesellschaft oder Nation als auch international, zwischen verschiedenen Nationen und Wirtschaftssystemen, Regionen und Kulturen.

Eigentlich müssten solche Debatten im Vordergrund des öffentlichen Interesses stehen. Denn heute können sie endlich ohne vorgefasste ideologische Raster aufgeworfen werden – »heute«, nach dem »Ende der Geschichte« (Francis Fukuyama), d.h. seit dem Ende des Systemkonflikts zwischen kommunistischen und liberal-kapitalistischen Mächten, angesichts der allgegenwärtigen »Globalisierung« der Wirtschaft. Nicht nur in der wissenschaftlichen Debatte, auch in der politischen Öffentlichkeit kann heute ja keine Kritik an diesem oder jenem Marktversagen, am Scheitern dieser oder jener (ob neoliberaler oder wohlfahrtsstaatlicher) Wirtschaftspolitik mehr als »fünfte Kolonne« feindlicher Supermächte denunziert werden.

Die andere Supermacht ist nicht mehr. Doch neben fraglosen Erfolgsstorys des kapitalistisch-demokratischen Umbaus ehemals staatssozialistischer Länder (wie Polen oder Ungarn), neben den ambivalenten Perspektiven eines chinesischen »Markt-Stalinismus«, gibt es längst auch katastrophale Erfahrungen beim Umsteuern und Umschalten in vordem kommunistischen Wirtschaftsräumen, in denen es im letzten Jahrzehnt z. T. sogar zu einem drastischen Verfall der durchschnittlichen Lebenserwartung gekommen ist: Die männliche Lebenserwartung in Russland liegt heute unter der Indiens.

Nun, zu behaupten, dass solche Fragen – nach den Kriterien unseres Wirtschaftens, nach den Orientierungen nationaler Wirtschaftspolitik, den Standards internationaler Zusammenarbeit und Entwicklungspolitik – in der öffentlichen Auseinandersetzung oder auch nur in den Ranglisten der Politik-, Wirtschafts-, Kulturredaktionen ganz oben stünden, das wäre wohl leicht übertrieben. Jedenfalls, solange es nicht gerade »Action« gibt, wie Ende 1999 in Seattle, bei der spektakulär gescheiterten Konferenz der Welthandelsorganisation (WTO).

Diese scheiterte freilich nicht an den phantasievollen Aktionen von Nicht-Regierungsorganisationen (NGOs) zum Schutz von Krabben und Meeresschildkröten allein. Sie scheiterte am Konflikt zwischen den Forderungen von Lobbyisten und (NGO-)Aktivisten des reichen Nordens nach einer Verschärfung der Umwelt- und Erhöhung der Sozialstandards im Welthandel einerseits – und dem Drängen (nicht nur) der armen Länder des Südens auf einen Abbau solcher Restriktionen. (Die auf einen größeren Anteil am Welthandel drängenden Länder des Südens können die »nördlichen« Fangquoten, Umwelt- und Sozialkriterien schwerlich anders deuten denn als ökologisch kaschierte »protektionistische« Barrieren, die der Norden ihren Produkten in den Weg legt.) Das war auch ein Konflikt um die Bewertung von Wirtschaftszielen.

2.

Doch es wäre zu billig, »den Medien« allein den schwarzen Peter zuzuschieben, wenn Diskussionen über theoretische Maßstäbe, wie moralische Kriterien wirtschaftlichen Handelns – die dieses Buch vorführt – keine Öffentlichkeit haben. Es liegt auch nicht an der (relativen) Abstraktheit begrifflicher Definitionen. Die politische Konjunktur – auch der sozialpolitischen Linken – ist zu Beginn des neuen Jahrhunderts wenig an Grundfragen interessiert.

Soweit etwa das famose Schröder-Blair-Papier und Anthony Giddens' »Dritter Weg« als charakteristisch gelten können, hat auch die regierende europäische Linke weitgehend darauf verzichtet, nach Alternativen zum vorherrschenden Kurs der wirtschaftlichen Globalisierung überhaupt zu suchen. Die Regierungen der Neuen oder Linken Mitte verstehen ihre Sozial- und Wirtschaftspolitiken eher als Begleitprogramm einer Adjustierung nationaler Institutionen an einen Kurs der Weltwirtschaft, dessen Parameter und Richtung ebenso feststehen wie seine Erfolgskriterien.

»Damit wird freilich« – so unlängst ein britischer Kritiker des skizzierten neuen Mitte-Links-Konsenses, der Demokratietheoretiker David Held – »die Anpassung an die internationale Wirtschaft, vor allem an die globalen Finanzmärkte, zum Orientierungspunkt der Wirtschaftspolitik. Die Entscheidungssignale dieser Märkte werden so ein – wenn nicht *der* – Maßstab für rationale Entscheidungen […]. Der Einzelne soll in die Lage versetzt werden, den Herausforderungen eines gesteigerten lokalen, nationalen, globalen Wettbewerbs und der größeren Mobilität des Kapitals gerecht zu werden. Das ist die Essenz des Dritten Weges.« (DIE ZEIT, Nr. 3/2000)

Bleibt somit als Kritiker der herrschenden ökonomischen Vernunft (Gorz 1989) nur noch der Papst übrig, der das »menschliche Defizit des Kapitalismus mit der daraus sich ergebenden Herrschaft der Dinge über die Menschen« anklagt? Immerhin prangern die Sozial-Rundschreiben Johannes Pauls II. seit zwei Jahrzehnten sowohl den Ausschluss immer größerer Teile der Weltbevölkerung aus den dynamischen Sektoren der Entwicklung des Kapitals an, die Herausbildung von ökonomischen »Randexistenzen« und Unterklassen als auch die »unmenschliche Ausbeutung« in zahlreichen Agrarländern der Dritten oder Vierten Welt ohne Bodenreform, wo die das Land Bebauenden sich »in der Lage halber Sklaven« befinden; und die raubkapitalistischen Zustände in vielen ehemals kommunistischen Übergangsökonomien und Schwellenländern (vgl. etwa *Centesimus annus*, N. 33). Nun, auf diese Kehrseiten einer unregulierten Entwicklung verwiesen unlängst auch der indische Ökonom und Weltbürger Amartya Sen und Weltbankpräsident James D. Wolfensohn in einem gemeinsamen Beitrag für die *International Herald Tribune* (1999).

3.

Sens und Wolfensohns These lautete: Ohne den Ausbau einer zugleich materiellen, institutionellen und kulturellen Infrastruktur der internationalen Entwicklungspolitik werde auch die »neue internationale Finanzarchitektur« scheitern. Wichtiger – und nachhaltiger – als die notwendigen finanziellen Stützungen und Entlastungen sei in den meisten Fällen der Auf- bzw. Ausbau sozialer Leistungen vor allem im Gesundheits- und Schulwesen der ärmsten Länder, um die Fähigkeiten zur »ökonomischen wie politischen Beteiligung« der ärmsten Bevölkerungsschichten zu stärken. Ohne diese aber könnten die Entwicklungsökonomien den Weg zu einem »anhaltenden und gerechten Wachstum« nicht erfolgreich beschreiten; und daher sei es falsch, die Entwicklungspolitik ausschließlich an den »rigiden makroökonomischen Standards« der Schuldensanierung und des BSP-Wachstums auszurichten.

Der neue »umfassende Entwicklungsrahmen« (Comprehensive Development Framework: CDF) der Weltbank setzt daher auf einen weitgefächerten Kriterienkatalog, der die Freiheitschancen in den Mittelpunkt stellt: »Freiheit von Hunger, von Unterernährung, von Analphabetismus, von vermeidbarem, vorzeitigem Tode – aber auch Freiheit der Rede, der politischen Partizipation und der sozialen Zusammenarbeit«. Denn diese »realen Freiheiten« seien »gleichzeitig die vorrangigen Ziele und die entscheidenden Mittel der Entwicklung«. Um diese zu entfalten, müssen daher die Entwicklungsprogramme der »physischen Infrastruktur« (Energie, Wasser, Verkehr, Kommunikation) mit den Maßnahmen zum Schutz der natürlichen Umwelt sowie der Entwicklung kultureller und professioneller Ressourcen verknüpft und die ökonomische Integration zwischen städtischen und ländlichen Zonen vertieft werden.

Erfolgreiche Entwicklungspolitik muss eine »umfassende Partizipation« einschließen: »unter Beteiligung von Regierungen, multilateralen Organisationen, sozialen und politischen Institutionen, Gewerkschaften und Arbeitgeberorganisationen, viele andere Typen von Nichtregierungsorganisationen sowie des Privatsektors«. Auch wenn nämlich der allgemeine Rahmen (CDF) einmal akzeptiert sein sollte – die konkreten Entwicklungskriterien, die spezifischen Bedürfnisse der Region und die lokalen Strategien könnten alleine von den Beteiligten beurteilt und entschieden werden: »Nur dann wird die Entwicklung tatsächlich auf breiter Grundlage stattfinden und angeeignet werden können.«

4.

Der Nobelpreisträger für Wirtschaftswissenschaften d. J. 1998 Amartya Sen hat seit langem an der Korrektur der herrschenden Standards für wirtschaftliches Wachstum, wirtschaftliche Entwicklung, Armut und Reichtum gearbeitet (vgl. Sen u. a. 1972; Sen 1981; Drèze/Sen 1989; 1990 ff.). Der im Rahmen der Entwicklungsagentur der Vereinten Nationen UNIDO entwickelte »Sen-Index« bemisst die materielle, soziale, kulturelle »Tiefenstruktur« der Armut, die in den makro-ökonomischen Wachstumsstatistiken und Entwicklungsdiagnosen gar nicht auftaucht: Welcher Natur ist die Armut der unter der Armutsgrenze Lebenden? Neben dem ökonomischen Einkommen betrifft Armut auch die Benachteiligung in der Lebenserwartung, in der Gesundheitsversorgung, in der Erziehung und Ausbildung, den Grad der Freiheitsrechte, die sexuelle oder rassische Diskriminierung.

Bei dem im vorliegenden Buch zur Diskussion gestellten Grundlagentext über Begriff und Bewertung des »Lebensstandards« handelt es sich um Amartya Sens 1995 an der Cambridge University gehaltenen »Tanner-Lectures«, die selbst wieder im Kontext eines von den Vereinten Nationen am *World Institute for Development Research* (WIDER) durchgeführten Forschungsprogramms zum Lebensstandard stehen (vgl. Sen 1987; Nussbaum/Sen 1991). Sie machen zugleich anschaulich, wie wichtig die »Arbeit des Begriffs« in der Wirtschafts- und Entwicklungstheorie bleibt.

Schon indem wir den Standard zum Vergleich individueller wie volkswirtschaftlicher Wohlfahrt bestimmen, treffen wir Vorentscheidungen über die Leitlinien der Wirtschafts- und Entwicklungspolitik: Soll die materielle Kaufkraft – die Verfügung über Waren – allein den Maßstab wirtschaftlichen Erfolges abgeben? Welche Rolle spielt die individuelle Selbsteinschätzung der Wirtschaftssubjekte, welches Gewicht messen ökonomische Theorie und Wirtschaftspolitik ihren Fähigkeiten bei, Bedürfnisse im gesellschaftlichen Raum zu äußern, zu verwirklichen, zu ändern? In seinem eleganten Plädoyer für einen komplexen Begriff des Lebensstandards, der die individuellen und sozialen Fähigkeiten der Menschen umfasst, erweist Sen sich als ein politischer Ökonom, in Augenhöhe mit den Klassikern William Petty, Antoine Lavoisier, Adam Smith und – nicht zuletzt – Karl Marx.

Deutlich wird dabei freilich auch, dass Sen – der in Bengalen geborene und an den akademischen Hochburgen des westlichen Wissens forschende und lehrende indische Weltbürger – zugleich (Wohlfahrts-)Ökonom und (Moral-)Philosoph ist. Und in beiden Disziplinen nun hat Sen die theoretischen Grundbegriffe der herrschenden Lehre einer methodischen Kritik unterzogen, die gleichermaßen ihre empirische Triftigkeit wie ihre normative Ausrichtung betrifft.

5.

Sowohl in den Wirtschaftswissenschaften als auch in der angelsächsischen Moralphilosophie dominierte bis weit in die siebziger Jahre hinein das Paradigma des Utilitarismus (dazu Smart/Williams 1973; Sen 1979; Sen/Williams 1982; Williams 1999, 5. Kapitel). Und als sog. »methodologischer Individualismus« (oder »rational choice-theory«) sollte dann der utilitaristische Ansatz noch in die übrigen Sozialwissenschaften übergreifen – während in der angelsächsischen Moralphilosophie v. a. im Gefolge von John Rawls' *Theorie der Gerechtigkeit* (1975) schon bald eine Trendwende zu kantianischen Sollensethiken und vertragstheoretischen Gerechtigkeitskonzepten einsetzte.

In der sog. »neoklassischen« theoretischen Ökonomie dominiert die utilitaristische Vernunft in Gestalt des seinen Grenznutzen maximierenden Subjekts als Träger ökonomischer Entscheidungen einerseits und als Objekt wirtschafts- und sozialpolitischer Stimuli andererseits. In der individuellen wie der Sozialethik liefert sie das »objektive« Kriterium für die Ziele moralischen Handelns und die Richtschnur angemessener sozialpolitischer Programme: als Bestimmung des Guten durch die Verfolgung des größtmöglichen Glücks oder Wohlergehens der größtmöglichen Anzahl von Menschen. So lautet auch die ehrwürdige von John Stuart Mill und Jeremy Bentham diskutierte Definition.

Wie Charles Taylor (1982) bemerkte, liegt die Anziehungskraft des utilitaristischen Kalküls gerade darin, dass es uns *ein* »objektives«, übergreifendes, einheitliches Kriterium an die Hand zu geben verspricht, welches erlauben soll, nicht nur ökonomische, sondern auch moralische Fragen im Prinzip *empirisch* und nach einem *rationalen* (dem Modell wissenschaftlicher Rationalität nachgebildeten) Entscheidungsverfahren zu beantworten. Die erwartbaren Ergebnisse des individuellen bzw. kollektiv aggregierten Handelns könnten so in einer Einheit (»Nutzen«) gemessen und verglichen werden. Durch die Orientierung an der größtmöglichen Nutzensumme für die Gesamtheit der Individuen der fraglichen Gesellschaft ließe sich also das in der gegebenen Situation gesamtwirtschaftlich angemessene Programm ebenso mit dem utilitaristischen Grenznutzenkalkül berechnen wie das von einem objektiven Standpunkt aus moralisch gebotene Handeln.

Sens erste akademische Arbeiten im Bereich der Wohlfahrtsökonomie befassten sich mit der Aggregation von individuellen Präferenzen zu sozialen Wohlfahrtsfunktionen (Sen 1970a, b). Auf den ersten Blick könnten sie noch als rein formale Werke erscheinen, allein mit »technischen« Konsistenzproblemen der theoretischen Ökonomie befasst, doch dieser Eindruck täuscht. In seiner Überprüfung des berühmten »Arrow'schen Unmöglichkeitstheorems« über die Paradoxien kollektiver Entscheidungen konnte Sen z. B. zeigen, dass die von Kenneth Arrow in *Social Choice and Individual Values* (1951) nachgewiesene Unmöglichkeit rational eindeutiger Aggregation von individuellen Präferenzen zu sozialen Wohlfahrtsfunktionen überhaupt nicht zu überwinden ist, solange man sich auf die magere, doch in den ökonomischen Theorien rationaler Wahl vorgeschriebene Informationsbasis beschränkt, welche nämlich die soziale Dimension der Bedürfnisse systematisch ausblendet. Die relevanten Fragen nach dem relativen Gewicht ökonomischer Bedürfnisse lassen sich im theoretischen »Raum« der neoklassischen Ökonomie – der ausschließlich die individuellen Präferenzen der ökonomischen Subjekte zu messen vorgibt, aber keine interpersonellen Vergleiche zulässt – nicht einmal stellen, geschweige denn angemessen beantworten.

Auch in seinen Kritiken am »Pareto-Prinzip« als Kriterium der Bestimmung des optimalen sozialen Ergebnisses bei gegebenen individuellen Präferenzen legte Sen dessen grundlegende Untauglichkeit für alle sozialpolitischen Zielfindungen bloß: Das Pareto-Optimum indiziert eine Situation, in der keine Verbesserung der sozialen Wohlfahrtsfunktion (als Funktion der Gesamtheit der individuellen Nutzen) möglich ist, insofern jede Besserstellung eines Individuums zugleich ein anderes schlechter stellen würde. Doch diese »Pareto-beste« aller Welten ist nicht nur – wie Sen i. J. 1970 in einem legendären Aufsatz zeigte – mit dem liberalen Prinzip der Entscheidungsfreiheit jedes Einzelnen unvereinbar (vgl. Sen 1970a; Sen 1983). Das Konzept der Pareto-Optimalität schließt zudem jegliche Erörterung von Fragen der Gerechtigkeit der Ressourcenverteilung aus. Fast scheint es – so Sen –, als sei es geradezu deswegen entwickelt, um Gerechtigkeitsfragen und Verteilungsurteile zu umgehen:

»Angenommen wir betrachten die Aufteilung eines Kuchens. Falls jede Person lieber mehr Kuchen als weniger hat, dann ist jede mögliche Aufteilung pareto-optimal, da jede Veränderung zugunsten des einen einen anderen schlechter stellt ...[so] sagt die Pareto-Optimalität überhaupt nichts über die Aufteilung des Kuchens aus. Diese sehr einseitige Betonung der Pareto-Optimalität in der modernen Wohlfahrtsökonomie macht diese so anziehende Disziplin nicht gerade besonders geeignet für die Untersuchung von Problemen der Ungleichheit« (Sen 1975, S. 19).

Auch die utilitaristische Moralphilosophie bemüht sich nur um eine reduzierte Dimension menschlichen Handelns und Bewertens. Alle utilitaristischen Moralauffassungen begreifen die einzelnen Personen schließlich nur als »Sitz« oder »Behälter« ihrer jeweiligen Nutzenfunktionen (Lust- oder Präferenzskalen): »Sobald einmal der Grenznutzen einer Person festgestellt worden ist, hat der Utilitarismus kein weitergehendes Interesse mehr daran, noch Informationen über sie zu erhalten. [...] Personen spielen also im Utilitarismus [bei der Berechnung des größtmöglichen Nutzens der größten Zahl] *als* Individuen keineswegs eine wichtigere Rolle als etwa ein einzelner Öltanker für die Analyse des nationalen Erdölverbrauchs« (Williams/Sen 1982, S. 4).

Gerade die vom neoklassischen Nutzenkalkül *ausgeschlossenen* Dimensionen aber – die Vielfalt möglicher Bedürfnisse (Sen 1980b; Taylor 1982), ihre ganz unterschiedlich gewichtete Dringlichkeit (etwa der Unterschied zwischen den Grundbedürfnissen des schieren Überlebens und der Auswahl nachgeordneter Konsumgüter), die tatsächlichen Wahlmöglichkeiten der Individuen, der interpersonelle Vergleich (in der Verfügung über Güter und Chancen), übergeordnete »Werte«, emotionale und moralische Loyalitäten bei der Bildung von Präferenzen ... – all diese *konstituieren* geradezu erst menschliche Subjektivität: die Rationalität von handelnden, sich entscheidenden, zwischen diesen oder jenen Alternativen (Gütern oder Handlungen) auswählenden Menschen.

Sens vernichtende Kritik am ökonomischen Menschenbild in seinem berühmten Aufsatz über den »rationalen Narren« (1977) lässt sich als die Konsequenz aus diesen Analysen begreifen: Das rationale, nur auf seinen (theoretisch in individuellen Lustkalkülen berechenbaren, praktisch i. d. R. in Geldwert bemessenen) Grenznutzen orientierte Subjekt, wie es uns in den herrschenden modell-ökonomischen Analysen gegenübertritt, muss schließlich unter allen anderen Bedingungen geradezu als Idiot gelten: als ein sozial ebenso ortloses wie emotional gestörtes Individuum.

6.

Auch in den hier veröffentlichten »Tanner-Lectures« zum Begriff des Lebensstandards setzt Sen bei der kontrastreichen Vielfalt der Dimensionen ein, die als mehr oder weniger »ungeordnete Bündel« von Zielsetzungen jede überkommene Vorstellung von Lebensqualität begleiten. Dabei unterscheidet er zunächst zwei Weisen, mit dieser Vielfalt der Bedürfnismuster und Bewertungskriterien bei der Bestimmung eines triftigen Begriffs des Lebensstandards theoretisch umzugehen.

In den meisten gängigen Ansätzen wird die Vielfalt als eine »Konkurrenz« von zueinander alternativen Konzeptionen des Lebensstandards gesehen (*entweder* eine »subjektive« *oder* eine »objektive« Definition – sprich: *entweder* »Lust«, »Zufriedenheit« *oder* »verfügbares Einkommen«, »Reichtum« u. ä.). Deshalb käme es darauf an, diese konkurrierenden Kriterien auf ein Grundkriterium zu reduzieren. In seiner ersten Vorlesung führt Sen freilich einige der Inkonsistenzen vor, in die solche Reduktionen führen: Sowohl die an der Äußerung von Bedürfnissen orientierten »subjektivistischen« Ansätze als auch die i. d. R. das verfügbare Einkommen zum Maßstab nehmenden »objektivistischen« Definitionen des Lebensstandards verwickeln sich in Widersprüche.

In der zweiten Vorlesung bemüht sich Sen dann darum, eine Konzeption zu entwickeln, welche die *konstitutive* Pluralität der Lebensdimensionen, nämlich Grundbedürfnisse, Fähigkeiten, Bewertungen, Rechte, Handlungsmöglichkeiten nicht von vornherein ausschließt. Andernfalls verliert der Begriff des Lebensstandards nicht nur seine empirische Brauchbarkeit, sondern v. a. auch seine ethische Relevanz. Wichtig für Sens bei den realen Fähigkeiten und Lebenschancen der Menschen ansetzenden »*capability*«-Ansatz ist darum auch nicht eine totale (am besten numerisch eindeutige) Rangordnung der Güter oder Bedürfnisse für die Bestimmung des Lebensstandards – oder für den Vergleich von Lebenschancen unter Gesichtspunkten der Gerechtigkeit. Entscheidender ist für Sen, die Komplexität menschlichen Lebens – seine Handlungen, Erwartungen, Güter (und die Chancen zu ihrer »Übersetzung« in Fähigkeiten) – nicht zu verfehlen.

Hier unterscheidet er sich dann auch von John Rawls, dessen sozialliberale Gerechtigkeitsauffassung (Rawls 1975) und Abwendung vom utilitaristischen »common sense« der anglo-amerikanischen Moralphilosophie Amartya Sen von Anfang an mit Sympathie verfolgt und diskutiert hat. Was Sen an Rawls' Gerechtigkeitstheorie nicht überzeugt, ist v. a. die Konkretisierung des Gerechtigkeitsbegriffs an der Verteilung von bestimmten Grundgütern (»primary goods«). Doch die Verteilung bestimmter Güter erscheint Sen, der ja über Jahre Rawls' Kollege an der Harvard Universität war, als unzureichender Indikator für Lebensqualität, der gegen die Verkennung auch extremer Ungleichheiten nicht hinreichend gefeit sei (s. Rawls 1982, Sen 1982, 1987a, 1990b, 1991a, b, 1992; vgl. Cohen 1995). Darum orientiert sich Sen auf einen mehrdimensionalen theoretischen »Raum« von Fähigkeiten – oder die »positiven Freiheiten« des Lebensvollzugs, der durchaus bewusst auf Marx und auf Aristoteles zurückgreift (Sen 1980a, 1990a, b). Übrigens: auch deswegen werden Sens Werke ja im Milieu katholischer Kapitalismuskritik aus dem Geiste des heiligen Thomas so aufmerksam rezipiert (z. B. Spillane 1999; Scandone 1999). Die Verwandtschaft, die seine eigene multi-dimensionale Begrifflichkeit von Leben und Lebensqualität mit den Analysen der aristotelischen Tradition aufweist, hat Sen dann allerdings v. a. in seiner Zusammenarbeit mit der neo-aristotelischen Philosophin und Feministin Martha Nussbaum explizit gemacht (Sen 1980b, Nussbaum/Sen 1991, vgl. Nussbaum 1999).

7.

Die empirische Umsetzung eines angemessenen Konzeptes der Analyse von Lebensstandard und (Über)Lebenschancen ist, wie Sen weiß, nicht einfach. Sie geht jedenfalls weder unmittelbar aus den klassischen makroökonomischen Daten (Wachstum, Eigentum, Einkommen) hervor noch aus den in einer Gesellschaft vorgegebenen (und explizit geäußerten) Standards der Selbstbewertung. Gleiche Einkommen (oder die Gleichverteilung von Grundgütern) etwa können massive reale Unterschiede an Lebensqualität regelrecht »maskieren«.

Auch die subjektiven Erwartungen können bereits durch den ökonomischen und sozialen Kontext geprägt oder »verfälscht« sein. Die Menschen haben vielleicht ihre subjektiven Erwartungen dem vermutlichen, »realistischen« Gang der Ereignisse bereits im Vorhinein angepasst und ob der Übermacht der herrschenden Verhältnisse resigniert – oder sie haben diese als den »natürlichen Stand der Dinge« akzeptiert und im Sinne eines »notwendig falschen Bewusstseins« rationalisiert (vgl. Elster 1982).

Man denke hier nur an die Mitglieder der niedrigen »unreinen« Kasten in Indien, aber auch an den Erwartungshorizont von Frauen in vielen Ländern der Dritten Welt. Wer sich da einfach – wie die ökonometrische Standardmethode – darauf verlässt, dass die tatsächlichen Bedürfnisse der Personen schließlich an ihren faktischen Entscheidungen »abgelesen« werden können, der bekommt die gewaltigen Dimensionen materieller Not und globaler Ungerechtigkeit erst gar nicht in den Blick.

In seiner Rede zur Entgegennahme des Agnelli-Preises (1990a) hat Amartya Sen darüber berichtet, wie er im Alter von neun Jahren als Kind aus einer Hindu-Mittelstandsfamilie in einer ländlichen Zone Bengalens die Schule besuchte und plötzlich die Erfahrung der großen bengalischen Hungersnot i. J. 1943 machte, während der nach heutigen Schätzungen ca. 3 Millionen Menschen starben.

»Unter meinen Schulkameraden und ihren Familien gab es keinerlei Anzeichen von Not – und in der Tat sollte ich, als ich mehr als drei Jahrzehnte später diese Hungersnot untersuchte, feststellen, dass die Mehrheit der Bevölkerung Bengalens während der Hungerperiode kaum Not litt. Die Hungersnot war auf einige bestimmte Berufsgruppen eingeschränkt (wie bei fast allen Hungersnöten), während das Leben für den Rest der Bevölkerung fast normal weiterging.

Eines Morgens erschien in unserem Schulhof ein Mann von unvorstellbarer Magerkeit, der ein sonderbares, exaltiertes Benehmen an den Tag legte (was, wie ich später feststellen sollte, ein typisches Anzeichen von Hungerleiden nach Perioden langer Auszehrung darstellt). Er war aus einem weit entfernten Dorf auf der Suche nach Nahrung gekommen und vagabundierte nun in der Hoffnung auf Hilfe in der Nachbarschaft. In den darauf folgenden Tagen kamen dann Dutzende, später Tausende, und schließlich eine regelrechte Prozession zahlloser ausgemergelter Menschen, mit ausgehöhlten Wangen, tief eingehöhlten Augen, die oft ihre auf Haut und Knochen abgemagerten Kinder im Arm trugen. Sie suchten Hilfe von den bessergestellten Familien und von der Regierung. Die private Hilfe war beträchtlich, wenngleich völlig unzureichend, um die von der Hungersnot betroffenen Millionen zu retten. Die Regierung Britisch-Indiens versäumte es jedoch, aus einer Reihe von Gründen, ein breit angelegtes öffentliches Nothilfeprogramm durchzusetzen, was erst ca. sechs Monate nach Beginn der Hungersnot geschah.

Es ist sehr schwer, den Anblick dieser tausenden von abgemagerten Menschen zu vergessen, die mit schwacher Stimme um Hilfe bettelten, unermesslich litten und schließlich stumm starben. Das Ausmaß dieses sozialen Versagens muss im Lichte späterer Untersuchungen über Hungersnöte als noch weitaus unerträglicher gelten; denn diese Untersuchungen zeigten, dass es in Bengalen während der ganzen Hungerperiode keineswegs an verfügbaren Lebensmitteln mangelte. Denen, die starben, mangelte es nur an Mitteln, um sich die verfügbare Nahrung zu kaufen« (Sen 1990a).

Derartige Erfahrungen sind in Sens Analysen zur Entstehung und Bekämpfung von Hungersnöten eingegangen, die er – nicht zuletzt im Rahmen der Forschungen für das UNO-Entwicklungsprogramm – unternommen hat und die für jede künftige Entwicklungspolitik von entscheidender Bedeutung sind (Sen 1981; Drèze/Sen 1989, 1990, 1991). Entgegen den überkommenen – und von Sen auch mit Bezug auf die Katastrophenvisionen der Weltbevölkerungsentwicklung kritisierten – »malthusianischen« Ängsten vor einer Nahrungsmittelknappheit, einem die verfügbare Lebensmittelproduktion weltweit übersteigenden Bevölkerungswachstum (De Waal 1990; Sen 1994), sind es in der Regel eben nicht die Nahrungsgüter, an denen Mangel herrscht, sondern die »*entitlements*« der Betroffenen in den Zonen und Perioden des Hungers: Dieser Bevölkerung fehlt es an Zugangsmöglichkeiten zu Lebensmitteln, Rechten und Kaufkraft (Sen 1987b). Freilich: »Ob und wie eine Regierung auf hochgradige Not- und Leidenssituationen reagiert, kann sehr wohl davon abhängen, wie viel Druck auf sie ausgeübt wird. Dies aber hängt wieder davon ab, in welchem Umfang politische Rechte und Freiheiten, wie das Wahlrecht, die Meinungs- und Demonstrationsfreiheiten, wahrgenommen werden können« (Sen 1998c).

Die Anrechte auf Schutz vor ökonomischer Not und physischem Hunger hängen also auch von den politischen und kulturellen Rahmenbedingungen ab, v.a. von einer ungehinderten Öffentlichkeit, die die Notlage bestimmter Bevölkerungsgruppen oder Landesteile nicht verdrängt (wie im Falle Britisch-Indiens in Bengalen i.J. 1943 geschehen) oder gar wie in der chinesischen Katastrophe d.J. 1958–1961, der vermutlich größten

Hungersnot der Menschheitsgeschichte, aus ideologischen Gründen verheimlicht. Die gewaltige Hungersnot nach dem chinesischen »Großen Sprung nach vorne« 1957 traf ja, anders als die Hungersnöte in der Sowjetunion der 20er und 30er Jahre, nicht primär »Klassenfeinde« oder vom kommunistischen Staat unterdrückte nationale Minderheiten, sondern die Basis des maoistischen Projekts selbst: die dörfliche Bauernschaft.

Nach der guten Ernte von 1957 beschloss der Große Vorsitzende Mao bekanntlich die Errichtung riesiger agroindustrieller Zentren, und die gesamte Partei- und Planungshierarchie überbot sich in irrealen Produktionszielen. Sämtliche Überschüsse wurden für die Industrialisierung (bzw. den Export) bestimmt – und trotz der ausbrechenden Hungersnot ohne Rücksicht auf Verluste eingezogen. Nach heute vorliegenden Studien fielen der Hungersnot bis 1961 rund 30 Millionen Menschen zum Opfer. Das (relativ) demokratische Indien hat es im Gegensatz dazu zwar geschafft, ein System wirksamer Vorsorge bei *akuten* Hungersnöten aufzubauen, hinkt aber in der Beseitigung chronischer Armut und Unterernährung, bei der Überwindung des Analphabetismus, der ungerechten Einkommensverhältnisse wie der Geschlechterbeziehungen dem chinesischen Modell hinterher. Es produziert weiterhin *chronische* Armut und Unterernährung (Drèze/Sen 1989, Kap. 11).

8.

Obwohl der Philosoph Amartya Sen sich wie die amerikanischen Kommunitaristen abgrenzt von der Fiktion eines »atomistischen«, d.h. ursprünglich un- oder vorgesellschaftlichen Individuums – sei es in der utilitaristischen Version eines rational kalkulierenden Bedürfnissubjekts; sei es in der kantianischen Variante eines a priori regelgeleiteten Vernunftsubjekts oder in der

methodischen Fiktion eines vorgesellschaftlichen »Naturzu-
stands« nach Art der Theorien des Gesellschaftsvertrags –, ist er
selber von jeglichen kommunitaristischen Neigungen stets frei
geblieben. Sen vermutet oder befürchtet nämlich beim Kommu-
nitarismus die Gefahr einer kulturellen Relativierung der ver-
meintlich »westlich-individualistischen« Freiheitsrechte und de-
mokratischen Normen, wie sie in seinem Heimatland etwa der
Hindu-Fundamentalismus verficht, eine im Zuge ethnisch-reli-
giöser Radikalisierungen allgemein zunehmende Tendenz. So
werden ja in den letzten Jahren – im Zeichen der neuen Interpretation weltpolitischer Kontraste als Kulturkonflikte – von di-
versen politischen Führern des Fernen Ostens die »asiatischen
Werte« auch als alternatives politisches Programm verfochten.

Gegen *alle* diese Formen ethnischer, kultureller oder religiöser
Relativierung universeller Menschenrechte und Gerechtigkeits-
ansprüche hat sich Amartya Sen stets ausgesprochen. Nichts jedoch wäre verfehlter, als daraus den Schluss zu ziehen, der Weltbürger Sen – der bis heute seine indische Staatsbürgerschaft
nicht aufgegeben hat – messe dem kulturellen Erbe seiner Heimat keine Bedeutung bei. Sen hat nicht nur in seiner Jugend das
Werk seines Großvaters mütterlicherseits, Kshiti Mohan Sen,
über den Hinduismus ins Englische übersetzt (1960); er ist auch
in den letzten Jahren wiederholt auf die universalistischen Traditionen innerhalb der indischen Zivilisation zu sprechen gekommen, genauso wie er die Werke und Leistungen von Schlüssel-
vertretern der indischen Moderne im Westen vermittelt und
kritisch interpretiert hat (Nussbaum/Sen 1989; Sen 1996a, b;
1997a, b; 1998d; 1999b): die Politiker Gandhi und Nehru, den
Dichter und Erzieher Rabindranath Tagore (ein Freund seines
Großvaters und indischer Nobelpreisträger, an dessen Schule
auch der junge Sen unterrichtet wurde) oder auch der große indische Filmregisseur Satyajit Ray.

Die Traditionen und Leistungen der indischen Zivilisation,
auf die uns Sen dabei aufmerksam macht, sind bezeichnender-

weise allerdings nicht die im stereotypen westlichen Indienbild so beliebten mystisch-weltabgewandten Seiten: »Zwar hat Indien eine umfangreiche religiöse Literatur, einen großen Schatz mystischer Dichtung, großartige Spekulationen über transzendentale Fragen und dergleichen mehr geerbt, aber es gibt aus einem Zeitraum, der sich über zweieinhalb Jahrtausende hinweg erstreckt, auch eine gewaltige – und oft bahnbrechende – Literatur über Mathematik, Logik, Erkenntnistheorie, Astronomie, Physiologie, Linguistik, Phonetik, Ökonomie, politische Wissenschaft, Psychologie und andere Themen, bei denen es um das Hier und Jetzt geht« (1999, S. 613). – Der derzeit wichtigste Vertreter dieser zugleich universalistischen und gegenwartsbezogenen Tradition Indiens heißt Amartya Kumar Sen.

LITERATUR ZUM NACHWORT

Arrow, K. J. 1951. *Social Choice and Individual Values*, New York: Wiley (2. Aufl. 1963).

Canto-Sperber, M. 1991. Choix de vie et liberté. Sur l'œuvre de A. Sen, in: *Esprit*, März-April.

Cohen, A. 1994 The Hunger Economist – A. Sen Redefines Need, in: *Lingua Franca*, May/June.

Cohen, J. 1995. Rez. von A. Sen, Inequality Reexamined, in: *The Journal of Philosophy*, Vol. XCII, N. 5, May.

De Waal, A. 1990. A conquerable ill, in: *Times Literary Supplement*, 13 July.

Drèze, J./Sen, A. K. 1989 (Hrsg.). *Hunger and Public Action*, Oxford: Clarendon

Drèze, J./Sen, A. K. 1990–1991 (Hrsg.). *The Political Economy of Hunger*, 3 Bde., Oxford: Clarendon.

Elster, J. 1982. Sour Grapes – Utilitarianism and the Genesis of Wants, in: Sen, A. K./Williams B. 1982 (Hrsg.): *Utilitarianism and Beyond*, Cambridge, UK: Cambridge Univ. Press.

Gorz, A. 1989. *Kritik der ökonomischen Vernunft*, Berlin: Rotbuch (Rationen).

Heitz, M. 1999. L'évaluation du bien-être: la perspective d'Amartya Sen, in: *Esprit*, Februar.

Held, D. 2000. Jenseits des Dritten Weges, in: *DIE ZEIT*, Nr. 3.

Johannes Paul II. 1991. *Centesimus Annus*, Enzyklika.

Nussbaum, M. C. 1999. *Gerechtigkeit oder das gute Leben*, Frankfurt/M.: Suhrkamp.

Nussbaum, M. C./Sen, A. K. 1989. Internal Criticism and Indian Rationalist Traditions, in: Krausz, M. (Hrsg.), *Relativism*, Notre Dame, Ind.: Notre Dame Univ. Press.

Nussbaum, M. C./Sen, A. K. 1991 (Hrsg.). *Quality of Life*, Oxford: Clarendon

Rawls, J. 1975. *Eine Theorie der Gerechtigkeit*, Frankfurt/M.: Suhrkamp.

Rawls, J. 1982. Social Unity and Primary Goods, in: Sen, A. K./Williams, B. 1982 (Hrsg.): *Utilitarianism and Beyond*, Cambridge, UK: Cambridge Univ. Press.

Sen, A. K. 1970a. The Impossibility of a Paretian Liberal, in: *Journal of Political Economy*, Vol. LXXVII.

Literatur

Sen, A.K. 1970b. *Collective Choice and Social Welfare*, San Francisco, Ca.: Holdenday.

Sen, A.K. 1972 (gemeinsam mit P. Dasgupta/S.A. Marglin). *Guidelines for Project Evaluation*, UNIDO: U.N. Development Organisation, New York: United Nations.

Sen, A.K. 1975. *Ökonomische Ungleichheit*. Übers. u. eing. von Hans G. Nutzinger, Frankfurt/M., New York: Campus Verlag.

Sen. A.K. 1977. Rational Fools – A Critique to the Behavioral Foundations of Economic Theory, in: *Philosophy and Public Affairs*, Vol. 6.

Sen, A.K. 1979. Utilitarianism and Welfarism, in: *Journal of Philosophy*, Vol. LXXVI.

Sen, A.K. 1980a. Equality of What?, in: McMurrin, St. (Hrsg.), *Tanner Lectures on Human Values*, Cambridge, UK: Cambridge Univ. Press.

Sen, A.K. 1980b. Plural Utility, in: *Proceedings of the Aristotelian Society*, Vol. 80/1.

Sen, A.K. 1981. *Poverty and Famines*, Oxford: Clarendon.

Sen, A.K. 1982. Rights and Agency, in: *Philosophy and Public Affairs*, Vol. 11.

Sen, A.K. 1983. Liberty and Social Choice, in: *The Journal of Philosophy*, Vol. LXXX.

Sen, A.K. 1984. *Ressources, Values and Development*, Oxford: Blackwell.

Sen, A.K. 1985a. Well-Being, Agency and Freedom, in: *The Journal of Philosophy*, Vol. LXXXII.

Sen, A.K. 1985b. *Commodities and Capabilities*, Amsterdam: Elsevier.

Sen, A.K. 1985c. Do Economists Influence the World?, in: *Times Literary Supplement*, 6. Dec.

Sen, A.K. 1987a. *On Ethics and Economics*, Oxford: Blackwell.

Sen, A.K. 1987b. *Hunger and Entitlements*, Helsinki: WIDER.

Sen, A.K. 1990a. La libertà individuale come impegno sociale, in: I. Berlin, A. Sen, u.a., *La dimensione etica nelle società contemporanea*, Torino: Fondazione Giovanni Agnelli.

Sen, A.K. 1990b. Means versus Freedom, in: *Philosophy and Public Affairs*, Vol. 19.

Sen, A.K. 1991a. Capability and Well-Being, in: Nussbaum, M./Sen, A.K. (Hrsg.), *Quality of Life*, Oxford: Clarendon.

Sen, A.K. 1991b. La libertà positiva (Interview), in: G. Bosetti, *Il legno storto*, Venezia: Marsilio.

Sen, A.K. 1992. *Inequality Reexamined*, Cambridge, Mass.: Harvard Univ. Press.

Sen, A.K. 1993. Positional Objectivity, in: *Philosophy and Public Affairs*, Vol. 22.

Literatur

Sen, A. K. 1994. Population – Delusion and Reality, in: *New York Review of Books*, September 22.

Sen, A. K. 1996a. Interview mit G. Bosetti, in: *Reset*, September.

Sen, A. K. 1996b. Our Culture, Their Culture – Satyajit Ray and the Art of Universalism, in: *The New Republic*, April 1

Sen, A. K. 1997a. Tagore and His India, in: *New York Review of Books*, June 26.

Sen, A. K. 1997b. Rezension von Sunil Khilnani, The Idea of India, in: *Corriere della Sera*, 18. Aug. (auch in *Times Literary Supplement*).

Sen, A. K. 1998a. Cooperazione e etica globale, in: A. Sen u. a., *Democrazia cooperativa e globalizzazione*, Milano: Reset/legacoop.

Sen, A. K. 1998b. Elogio della malattia, in: *La Stampa*, 22. Oct.

Sen, A. K. 1998c. Pas de bonne économie sans vraie démocratie, in: *Le Monde*, 28. Oct.

Sen, A. K. 1998d. *Laicismo indiano* (hrsg. von A. Massarenti), Milano: Feltrinelli.

Sen, A. K. 1999a. Die Moral in der Marktwirtschaft, in: *DIE ZEIT*, Nr. 43.

Sen, A. K. 1999b. Indische Traditionen und die westliche Imagination, in: *Deutsche Zeitschrift für Philosophie*, Nr. 4.

Sen, A. K./ Williams, B. 1982 (Hrsg.). *Utilitarianism and Beyond*, Cambridge, UK: Cambridge Univ. Press.

Sen, A. K./Wolfensohn, J. D. 1999. Let's Respect Both Sides of the Development Coin, in: *International Herald Tribune*, May 5.

Sen, K. M. 1960. *Hinduism*, Harmondsworth, UK: Penguin.

Scandone, F. 1999. Le basi per' un' economia della solidarietà, in: *L'Osservatore Romano*, 27.3.

Smart, J. J. C./Williams, B. 1973. *Utilitarianism – For and Against*, Cambridge, UK: Cambridge Univ. Press.

Spillane, S. J./James, J. 1999. Amartya Sen – Premio Nobel 1998, in: *La Civiltà Cattolica*, a. 150/II, Quaderno 3574, Mai.

Taylor, Ch. 1982. The Diversity of Goods, in: Sen, A. K./ Williams, B. 1982 (Hrsg.). *Utilitarianism and Beyond*, Cambridge, UK: Cambridge Univ. Press.

Williams, B. 1999. *Ethik und die Grenzen der Philosophie*, Hamburg: Rotbuch (Rationen).